György Lukács

Teoria del romanzo

Saggio storico-filosofico
sulle forme della grande epica

Introduzione di Lucien Goldmann

Garzanti

Nella collezione « I Garzanti »
1 edizione: dicembre 1974

Traduzione di
Francesco Saba Sardi

Titolo originale dell'opera:
« Die Theorie des Romans »

Pubblicazione su licenza della SugarCo Edizioni
© SugarCo Edizioni, Milano 1962

Printed in Italy

Teoria del romanzo è una delle opere più importanti di un pensatore che già oggi appare come una delle figure più rappresentative della vita intellettuale del XX secolo.

Il pensiero e l'opera di György Lukács abbracciano però una gamma così vasta di argomenti e presentano una tale varietà di posizioni intellettuali e persino di livelli di analisi, che sarebbe difficile dare, sull'opera stessa, un giudizio d'insieme senza aggiungervi immediatamente un certo numero di precisazioni e riserve.

Nella prima parte di questa introduzione tenteremo di definire in maniera schematica il concetto di struttura dinamica significativa, che Lukács ha precisato soltanto nel 1923, in *Storia e coscienza di classe*, e che a nostro avviso costituisce il suo più importante contributo alla costituzione delle scienze umane in discipline scientifiche positive; nella seconda parte, tracceremo un ritratto, anch'esso schematico, dell'evoluzione intellettuale di Lukács, onde permettere al lettore di cogliere più esattamente il significato e l'importanza dell'opera che si accinge a leggere.

A dire il vero, il concetto di *struttura dinamica significativa* non è una scoperta di György Lukács. Quale idea generale astratta e filosofica, esso era già al centro della dialettica hegeliana [1]. Il concetto fu ripreso in seguito da Marx, il quale ne eliminò tutto ciò che, in Hegel, conteneva di speculativo, facendone uno strumento di ricerca empirica concreta. Purtroppo, Marx non ci ha lasciato uno studio metodologico vero e proprio, ragion per cui, per importanti che siano, ai fini della metodologia delle scienze umane, le numerose riflessioni sparse nei testi marxiani, con particolare riguardo per la celebre *Prefazione* alla *Critica dell'economia politica*, è a Lukács che va, insieme ad altri meriti, quello di aver messo in luce con chiarezza, e con ciò stesso reso facilmente accessibili ai ricercatori successivi, i principî metodologici fondamentali sui quali si basa l'opera di Marx e fra essi, in primo luogo, i tre concetti più importanti del metodo dialettico, quelli di *struttura dinamica significativa*, di *coscienza possibile* (*zugeordnetes Bewustsein*) e di *possibilità oggettiva*.

Il materialismo dialettico, che è uno strutturalismo genetico generalizzato fondato su concetti, implica l'affermazione che ogni accadimento umano si presenta insieme quale una struttura significativa, comprensibile mediante l'analisi dei rap-

---

[1] Ciò spiega, tra l'altro, il gran numero di analisi comprensive, concrete, estremamente penetranti, che si ritrova negli scritti di Hegel.

porti costitutivi tra gli elementi che la compongono (elementi che a loro volta e al livello loro proprio sono strutture significative dello stesso tipo) e come elemento costitutivo d'un certo numero di altre strutture più vaste, che l'abbracciano e l'integrano.

Ogni accadimento umano ha, in questa prospettiva, un carattere dinamico, e non lo si potrebbe comprendere senza lo studio della sua evoluzione passata e delle tendenze costitutive interne, orientate verso l'avvenire. Ne deriva che lo studio di ogni accadimento umano si presenta sempre quale un processo con due facce complementari, *destrutturazione* d'una struttura vecchia e *strutturazione* d'una struttura nuova in via di costituzione. A questo bisogna aggiungere che, nello studio positivo delle strutture significative che costituiscono la storia, è possibile separare i giudizi di fatto dai giudizi di valore, le categorie mentali del ricercatore stesso essendo un elemento costitutivo dell'esistenza d'un gruppo sociale il quale agisce all'interno delle strutture globali.

Quest'atteggiamento implica l'affermazione che ogni ricerca positiva.nel campo delle scienze umane dev'essere insieme *comprensiva* ed *esplicativa*, la *comprensione* consistendo nella descrizione dei legami essenziali il cui divenire costituisce la struttura, l'*esplicazione* nella comprensione delle strutture più vaste, che danno ragione del divenire delle strutture parziali [1], così che anche per una

[1] *Comprendere* una struttura equivale a cogliere la natura e il significato dei diversi elementi e processi che la costituiscono, in quanto l'una e l'altro dipendenti dai loro rapporti con tutti

ricerca di questo tipo lo studio degli stati reali o teorici di *strutturazione coerente* rappresenta uno strumento concettuale particolarmente privilegiato.

Infine, per concludere queste osservazioni preliminari, notiamo come Lukács non faccia mai ricorso al termine « struttura significativa coerente », limitandosi a parlare, nelle sue due prime opere, di « *Forme* » e, in *Storia e coscienza di classe,* di « *Totalità* ».

Nel 1910, tredici anni prima di definire, in *Storia e coscienza di classe*, il concetto di struttura dinamica significativa, Lukács, il quale aveva dato alle stampe in ungherese un'opera che, a quanto ci risulta, non è mai stata tradotta in alcuna delle lingue europee occidentali, si impose all'attenzione del pubblico tedesco con un libro,

gli altri elementi e processi costitutivi dell'insieme. Le descrizioni lukacsiane delle « Forme » del saggio, del Romanticismo e della tragedia ne *L'anima e le forme;* del romanzo, in *Teoria del romanzo;* della filosofia classica tedesca o della rivoluzione proletaria in *Storia e coscienza di classe,* sono di queste descrizioni comprensive.

Spiegare un fatto sociale significa inserirlo nella descrizione *comprensiva* di un processo di strutturazione dinamica che *lo ingloba.* Per fare un esempio tratto dalle nostre stesse ricerche: il concetto lukacsiano di visione tragica ha costituito uno strumento d'importanza capitale ai fini della *comprensione* degli scritti di Pascal e di Racine, mentre la *comprensione* del movimento giansenista in quanto struttura dinamica ha un valore *esplicativo* in rapporto a tali scritti; allo stesso modo, la *descrizione comprensiva* della storia della *Noblesse de Robe* ha un valore *esplicativo* per la genesi del giansenismo, la *descrizione comprensiva* dell'evoluzione della struttura dei rapporti di classe nell'ambito della società francese nel suo complesso del XVI e XVII secolo, ha un valore *esplicativo* per i processi dinamici che costituiscono il divenire della *Noblesse de Robe,*

L'anima e le forme, che per vari motivi ci sembra segnare una data essenziale nella storia del pensiero contemporaneo. In primo luogo perché, dopo tanti anni di filosofia accademica, Lukács in quest'opera ritrovava la grande tradizione della filosofia classica, elevando a centro dei propri interessi il problema dei rapporti tra la vita umana e i valori assoluti: un importante avvenimento intellettuale, dal momento che questa tradizione sembrava completamente dimenticata.

Neokantismo, neohegelismo, neomarxismo socialdemocratico avevano, in effetti, coperto l'opera dei grandi filosofi classici — Kant, Hegel e Marx — d'un velo d'erudizione polverosa, che li faceva apparire quali teorici più o meno penetranti, ma la cui opera, abbastanza complessa da richiedere innumerevoli commentari, pareva aver perduto ogni contatto reale e immediato con la vita d'ogni giorno e con i problemi da essa posti.

La riflessione filosofica mostrava d'altra parte la tendenza a ridurre progressivamente il proprio ambito all'epistemologia, alla filosofia delle scienze e alla storia della filosofia, anche se è vero che soprattutto quest'ultima stava toccando, nei lavori dei grandi docenti universitari, un livello di erudizione che raramente aveva avuto l'eguale in precedenza.

Tale erudizione non faceva certo difetto a Lukács, e basta una lettura anche superficiale del suo libro, per constatare che, da questo punto di vista, egli non aveva nulla da invidiare ai maestri dell'università. Ma se, per dirla con Pascal, la caratteristica dell'*honnête homme* è di avere una conoscenza approfondita del maggior numero possibile di campi senza mai far figura di specialista, Lukács soddisfaceva in pieno a quest'esigenza, perché è proprio la sua straordinaria erudizione che gli permette di non farne mai sfoggio. Accade così che nel suo libro, in cui, come vedremo più innanzi, si ritrova, al di là delle deformazioni accademiche del neokantismo, il senso autentico del pensiero kantiano, egli non faccia mai esplicito riferimento a Kant; allo stesso modo, si trova soltanto qualche raro accenno a Hegel in quell'opera eminentemente hegeliana che è *Teoria del romanzo*.

L'anima e le forme tratta, esplicitamente e unicamente, del rapporto tra l'anima umana e l'assoluto, e delle « Forme » che esprimono le diverse modalità privilegiate di tale rapporto.

In quali condizioni può essere autentica la vita umana? Quali sono le circostanze e gli atteggiamenti che le fan smarrire la propria autenticità? Tra l'autentico e l'inautentico, tra il vero e il falso, vi sono valori intermedi? L'errore può generare « Forme » valide, sia pure solo sul piano estetico o filosofico? Sono questi i soli problemi posti dal libro di Lukács e inoltre non sul piano d'una riflessione teorica generale, ma in maniera saggistica, prendendo lo spunto da un certo numero di alti raggiungimenti letterari e filosofici: Montaigne, Platone, Kirkegaard, Stefan George, Charles-Louis Philippe, e soprattutto (senza che siano esplicitamente nominati) Kant, Pascal e Racine.

In questo senso, è probabilmente con *L'anima e le forme* che in Europa comincia la rinascita filosofica che ha fatto seguito alla prima guerra mondiale e che sarà successivamente designata col nome di esistenzialismo. Indubbiamente, Lukács si è sempre tenuto nel solco della filosofia classica, senza mai far proprie posizioni analoghe a quelle che assumeranno più tardi pensatori come Jaspers o Heidegger; ma egli è stato il primo, nel XX secolo, a porre i problemi destinati a dominare il pensiero filosofico: problemi che, dopo la morte di Hegel, erano più o meno completamente scomparsi dalla coscienza europea (non bisogna dimenticare che Kirkegaard, il quale fu tradotto in altre lingue solo al principio del secolo, era ancora quasi sconosciuto).

D'altro canto, il libro di Lukács non è, naturalmente, una creazione improvvisa, impreceduta: il suo autore ha avuto il merito — o la fortuna — di situarsi nel punto d'incontro delle tre grandi correnti del pensiero accademico tedesco dell'epoca: il neokantismo di Heidelberg, la delucidazione dei concetti di significato e comprensione ad opera del Dilthey, e la fenomenologia husserliana; ed è forse stata questa situazione a permettergli di ritrovare la tradizione dell'idealismo classico, definendo il *significato* mediante il rapporto *tra l'anima e l'assoluto*, mentre, rinunciando a tale rapporto, le tre correnti menzionate avevano di fatto rotto con la grande tradizione filosofica.

L'incontro tra la fenomenologia e la scuola neokantiana di Heidelberg era un fatto compiuto già prima di trovare espressione teorica ne *L'ani-*

ma e le forme: Husserl pubblicava, su *Logos* [1], organo dei neokantiani di Heidelberg, il suo famoso saggio *Sulla filosofia come scienza rigorosa*; il gruppo di Heidelberg si orientava risolutamente verso le scienze umane e cominciava a interessarsi, sia pure in maniera alquanto discutibile, a Hegel e alla dialettica; infine Max Weber e Lask (che, dopo Windelband e Rickert, è il terzo filosofo rappresentativo della scuola di Heidelberg) esercitavano un'influenza decisiva su certi giovani pensatori che stavano dando alle stampe le loro prime opere, e avevano nome Lukács, Jaspers e Heidegger [2].

Quanto al libro di Lukács, questo appare innanzitutto una sintesi tra due idee essenziali della fenomenologia e della corrente diltheyana, quella di *essenza atemporale* e quella di *significato*: sintesi che permette al suo autore di elaborare il concetto che andrà modificando e precisando in seguito, ma che resterà l'elemento centrale della sua idea dell'*essenza come struttura significativa*.

Inoltre, l'incontro tra la concezione fenomenologica di essenza atemporale e il neokantismo mette capo all'elaborazione del concetto di *visione tragica* e alla riscoperta del senso autentico della filosofia kantiana, senso che i neokantiani avevano completamente deformato.

Come abbiamo già detto, l'idea dell'essenza come struttura significativa non era una scoperta

[1] Sulla stessa rivista, Lukács pubblicò il capitolo centrale de *L'anima e le forme,* prima che il libro venisse dato alle stampe.

[2] I due primi libri di Heidegger subiscono esplicitamente la influenza di Lask, al quale fu dedicato il secondo.

nuova, nella misura in cui tale concetto rappresentava già, pur senz'esservi esplicitamente formulato, il centro della dialettica hegeliana e marxista. Ma il pensiero accademico della seconda metà del XIX secolo aveva a tal punto perduto il contatto con la tradizione dialettica, che il semplice reimpiego, quanto mai superficiale e approssimativo, del concetto di significato da parte del Dilthey era potuto sembrare una scoperta capitale.

Unendo alle idee vaghe e sfumate del Dilthey sul significato e la comprensione l'esigenza metodologica di precisione che caratterizzava la fenomenologia, Lukács compiva in pari tempo un passo avanti e uno indietro. Un passo avanti, nella misura in cui sostituiva al vago e impreciso concetto diltheyano di significato l'idea di una descrizione rigorosa e precisa, quale era stata richiesta dalla fenomenologia e di cui questa aveva dimostrato la possibilità, l'unica che avrebbe permesso di fare, del concetto di struttura significativa, uno strumento scientifico, operativo; ma insieme anche un passo indietro, nella misura in cui, sotto l'influenza di questa stessa fenomenologia, Lukács risolutamente abbandonava la concezione *storica* del Dilthey, per riprendere l'idea husserliana di essenza atemporale e approdare così all'idea delle *strutture significative atemporali,* delle « Forme » come espressioni delle differenti modalità privilegiate del rapporto tra l'anima umana e l'assoluto.

Infine, è questa concezione atemporale delle strutture significative a far sì che, contrariamente al Dilthey e ai suoi maestri della scuola neokantiana di Heidelberg, orientati verso l'hegelismo e la storia, Lukács torni risolutamente alla posizione kantiana, di cui ritrova l'autentico significato.

Posizione centrale occupa, ne *L'anima e le forme*, la descrizione di una particolare struttura significativa atemporale, la *visione tragica* che Lukács all'epoca considera come l'*unica* vera e che contrappone alle altre forme non autentiche di evasione e di pseudo-rifiuto della vita quotidiana.

Vedremo del resto più avanti come questo assunto de *L'anima e le forme* non sia rigorosamente coerente; accontentiamoci per ora di sottolineare che, ritrovando il significato tragico del kantismo e raffigurandolo, non già come un fatto storico, bensì quale verità umana universale, Lukács abborda una problematica destinata a dominare la rinascita filosofica del XX secolo.

In effetti, Lukács è il primo a porre, in tutta la sua acutezza e in tutto il suo rigore, il problema dei rapporti tra *l'individuo, l'autenticità* e *la morte*.

Per paradossale che ciò possa sembrare, è certo che lo sviluppo del pensiero individualista a partire dal XVI e XVII secolo, eliminando progressivamente dalla coscienza tutte le idee di trascendenza e di valori super-individuali, aveva relegato tale problema sullo sfondo del pensiero filosofico [1].

---

[1] A tale proposito si veda, per il XVI secolo, LUCIEN FEBVRE, *Au coeur religieux du XVI siècle*, Parigi, 1956, pagine 55-58; e, per il XVIII secolo, BERNARD GROETHUYSEN, *Origines de l'esprit bourgeois en France*, Parigi, 1956, pagine 61-99. (Lucien Goldmann, citando questo volume, si riferisce all'ultima edizione francese.

Per il pensiero cristiano medioevale, che integrava l'esistenza dell'individuo in una visione di insieme, la morte era un avvenimento particolarmente importante e pieno di significato agli occhi dell'individuo stesso. Togliendo di mezzo, in maniera più o meno radicale, ogni idea di totalità e di insieme, l'individualismo nelle sue diverse forme ha fatto, della vita e del pensiero individuali, altrettanti valori di carattere aprioristico, che non potevano né avevano bisogno d'essere superati, e per ciò stesso, in quanto tali valori individuali non fossero messi in discussione, l'individualismo è divenuto progressivamente cieco ai problemi dei limiti dell'individualismo e, in primo luogo, a quello della morte.

Nel 1910, la società borghese viveva in pieno ottimismo, con assoluta fiducia nel presente; il periodo degli scossoni rivoluzionari che s'erano susseguiti dal 1789 al 1848, era terminato da un pezzo, e le classi dirigenti che non si sentivano minimamente minacciate, avevano sussunto persino le posizioni socialiste, finendo per trasformarle in elemento costitutivo dell'equilibrio esistente; le poche guerre locali e la stessa Comune di Parigi non erano state che episodi limitati, di importanza troppo scarsa per scuotere la buona coscienza ideologica dei borghesi e la loro fiducia in un avvenire che doveva somigliare in eterno al presente. Quanto al grande periodo filosofico di questa borghesia, che era corrisposto all'entusiasmo

Di quest'opera di Bernard Groethuysen si ha un'ottima traduzione italiana, pubblicata a Torino nel 1949 - *N.d.T.*).

di un gruppo cosciente della propria attività di creatore d'una società nuova e d'un mondo nuovo, da un pezzo ormai esso era superato. La seconda metà del XIX secolo era stata il periodo dell'accordo con l'esistente, della nascita della grande industria, delle grandi speculazioni finanziarie andate a segno: il periodo prospero e prosaico della storia economica, sociale e intellettuale della borghesia occidentale trionfante, il periodo dell'*enrichissez-vous*. Il periodo, ancora, nel quale i filosofi avevano ceduto il posto ai professori di filosofia, mentre i pochi grandi scrittori o pensatori che, come Nietzsche o Flaubert, avevano espresso la propria avversione a questa società prosaica e volgare, si erano visti relegare ai margini della vita sociale, dov'erano praticamente neutralizzati e non rappresentavano alcun pericolo.

Effettivamente, nel 1910, benché pochi ancora se ne rendessero conto, tale periodo stava per giungere alla fine, e invisibili crepe fendevano un edificio la cui facciata pareva pur sempre intatta. Alcuni pensatori marxisti avevano, è vero, elaborato la teoria dell'imperialismo, ma le loro idee non avevano accesso ai circoli ufficiali e universitari. Quattro anni ancora, e scoppierà la prima guerra mondiale.

A tale proposito, la riscoperta, da parte di Lukács, della visione tragica rappresenta una rottura totale coi maestri del mondo accademico. In realtà, né Husserl, né Dilthey, né i neokantiani di Heidelberg, avevano minimamente subodorato l'eventualità della catastrofe che si andava preparando. Il conflitto scoppiò in maniera imprevista e brutale, agli occhi dei moralisti e dei filosofi ufficiali: qualche anno dopo la sua conclusione, avrebbe avuto inizio un periodo nuovo della filosofia occidentale, e nessuno avrebbe più preso sul serio i professori del XIX secolo. I valori dell'individualismo erano stati profondamente squassati, e pensatori e scrittori constatarono, con orrore, che i loro predecessori erano stati completamente ciechi di fronte a un problema fondamentale e inquietante, quello della *morte*.

Quali che fossero in realtà i valori individuali sui quali si pretendeva di fondare l'esistenza umana, essi apparivano ormai insufficienti e caduchi per il fatto stesso di essere individuali e perché il loro fondamento sarebbe scomparso col limite dell'individuo e la sua inevitabile sparizione. Pascal nel XVII secolo, Kant nel XVIII, avevano fatto del limite in questione il centro stesso del loro pensiero filosofico. Il XIX secolo, soprattutto nella seconda metà, l'aveva invece completamente eliminato dalla coscienza.

Ne *L'anima e le forme,* Lukács ritrova la problematica di Pascal e di Kant nella sua forma più radicale. Egli afferma l'assoluto non-valore del mondo sociale per l'individuo, la sua inautenticità e quella di tutta la vita che vi partecipi, per quanto limitatamente, o si faccia anche la minima illusione sulla possibilità e la validità di un'esistenza inframondana. L'uomo è mortale, e di conseguenza la sola autenticità che gli sia accessibile risiede nella coscienza univoca e intatta dei suoi limiti, del non-valore del mondo determinato da tali limiti, e della necessità del rifiuto radicale del mondo stesso. La distinzione tra *la* vita, che è coscienza dei limiti, solitudine e rifiuto, e la *vita*, che è, al contrario, illusione, debolezza e accettazione della realtà quotidiana, corrisponde esattamente alla successiva distinzione heideggeriana tra esistenza autentica ed esistenza inautentica. Con la differenza che, mentre la posizione di Heidegger ci appare contraddittoria, dal momento che, ponendo l'autenticità nella coscienza dei limiti nel corso della *Leben zum Tode*, essa immaginerà tuttavia che l'esistenza in questione possa farsi autentica grazie al proprio inserimento nella storia, Lukács sarà, qui come sempre, più coerente e più radicale. Nel 1910, situando l'autenticità nella coscienza dei limiti e della morte, Lukács ne tirerà la necessaria conseguenza: nessuna vita inframondana sarebbe in grado di sopprimere i limiti e la morte e di conferire all'esistenza una validità purchessia.

Nel 1923, allorché ammetterà la possibilità di una esistenza storica autentica e con ciò stesso di un avvenire della collettività, Lukács ne inferirà il carattere, importante senza dubbio, ma in ultima analisi secondario, dei limiti individuali. Si tratta, nel suo caso, di due posizioni coerenti, mentre al contrario quella di Heidegger ci sembra un compromesso spurio e punto o poco filosofico. Comunque sia, ponendo in tutta la sua acutezza il problema dei limiti e della morte, il libro di Lukács veniva a introdurre nel pensiero europeo una problematica che sarebbe stata quella della rinascita filosofica che avrebbe fatto seguito alla prima guerra mondiale.

E tuttavia, in quel libro la posizione di Lukács non è di una coerenza rigorosa: ché, se da un lato egli difende la posizione kantiana tragica, opponendo il rifiuto autentico e radicale del mondo a tutte le Forme inautentiche di pseudo-rifiuto e di evasione che vi esamina, Lukács per un altro verso difende l'esistenza dei valori intermedi tra il vero e il falso tra l'autenticità e l'inautentico, valori che si situano sul piano della creazione estetica e filosofica, e che egli chiama: « Forme ». Accanto al *Saggio sulla tragedia,* il *Saggio sul saggio* costituisce uno dei pilastri della sua opera.

Lukács definisce il saggio (e, in questo senso, egli stesso è stato, sempre, un grande saggista) quale una « Forma » autonoma situata tra la letteratura e la filosofia. La prima è in effetti espressione di atteggiamenti coerenti dell'anima sul piano della creazione immaginaria di esseri individuali e di situazioni particolari; la seconda è espressione di questi stessi atteggiamenti sul piano della creazione concettuale. Una sola e identica visione può esprimersi nell'opera di Pascal e in quella di Racine, e tuttavia nella prima non v'ha che *la morte,* nella seconda non c'è mai la morte, ma soltanto *Fedra morente.* Il saggio è dunque una forma autonoma intermedia: opera concettuale al pari della filosofia, il saggio non è in grado di porre i problemi concettuali (dal momento che conosce solo problemi, mai risposte categoriche), se non prendendo lo spunto da una realtà individuale e concreta; e, come i problemi concettuali non potrebbero esser posti a partire dal complesso e inestricabile viluppo della vita quotidiana, così il saggista dovrà farlo sulla scorta di quegli aspetti privilegiati della vita stessa che sono le « Forme ». I grandi saggisti, Platone, Montaigne, sviluppano le forme a partire dalla vita empirica reale (quella di Socrate o quella dello stesso Montaigne); i saggisti di minor levatura, i problemi li pongono a partire da quelle forme già depurate e coerenti che sono le grandi figure della letteratura universale. Il saggio viene così a essere, necessariamente, un'opera ironica a due dimensioni: sembra trattare di questo o quel libro, di questo o quel personaggio o realtà concreta; in effetti, libro, personaggio o realtà non sono che « occasioni » le quali permettono all'autore di porre sul piano concettuale i problemi fondamentali dell'esistenza umana. Ma, appunto per questo, tali « Forme » rappresentano tutte, per il saggista, realtà privilegiate e, in parte, positive.

Ora, v'ha contraddizione tra l'atteggiamento tragico dominato dalla categoria del *tutto o niente*, il quale non ammette che l'esistenza del vero o del falso, dell'autenticità o della inautenticità, senza alcun passaggio e alcun intermediario, e quella del saggista, per il quale tutti gli atteggiamenti coerenti che egli analizza, anche quando lo faccia al solo scopo di metterne in luce l'insufficienza, sono altrettante realtà privilegiate e costituiscono quindi, sul piano estetico e filosofico, valori complementari rispetto a quelli della verità e dell'errore.

Così, a partire dal 1910, Lukács era venuto a mettersi alla ribalta del pensiero europeo, elaborando per la prima volta il principale concetto operativo nel campo delle scienze umane, quello di *struttura significativa* (o, come egli lo definiva allora, di « Forma »), denunciando l'esistenza, dietro la facciata in apparenza intatta, d'incrinature le quali avevano profondamente scosso la società borghese occidentale, ritrovando il senso autentico d'una grande filosofia classica, il kantismo, e ponendo uno dei principali problemi che sarebbero stati ulteriormente approfonditi dalla rinascita filosofica che avrebbe visto la luce in Europa dopo la prima guerra mondiale, quello della morte.

La seconda opera di Lukács, *Teoria del romanzo*, apparsa nel 1920, è stata tuttavia scritta parecchio tempo prima: sappiamo infatti che Lukács già nel 1917 aveva superato le posizioni difese ne *L'anima e le forme* per schierarsi col marxismo, e con tutta probabilità la stesura di quest'opera va dunque fatta risalire agli anni di guerra.

Dal punto di vista metodologico, le posizioni di Lukács vi appaiono ancora molto vicine a quelle elaborate ne *L'anima e le forme*: il suo proposito è quello di descrivere alcune essenze atemporali, alcune « Forme » corrispondenti all'espressione letteraria di certe attività umane coerenti.

La differenza riguarda in primo luogo il modo con cui Lukács pensa il rapporto tra l'uomo e la società e, conseguenza di tale differenza, le strutture significative che Lukács si propone di descrivere; ciò, perché Lukács, come abbiamo detto, non è soltanto un filosofo e un uomo di cultura, ma anche un grande saggista, e questo significa che egli non si limita a studiare in maniera positiva e scientifica un certo numero di strutture significative qualsiasi, ma che trasceglie quelle strutture il cui studio può fornirgli l'«occasione» di porre sul piano concettuale i problemi che gli paiono più urgenti.

Tutti i suoi scritti sono, nello stesso tempo, studi scientifici e saggi, e sono i problemi posti nel saggio a decidere della scelta degli oggetti dell'analisi positiva.

Nel 1910, Lukács aveva studiato soltanto delle forme di rifiuto o d'evasione: ecco perché aveva potuto dare al suo libro il titolo *L'anima e le forme*. Questa volta, in *Teoria del romanzo*, egli studia le grandi forme epiche che, contrariamente a quelle che aveva scelto in precedenza, sono *realistiche*, vale a dire riposano, se non su una accettazione della realtà, perlomeno su un atteggiamento positivo nei confronti di una realtà *possibile*, la cui possibilità sia fondata sul *mondo esistente*. E' per questo che, malgrado la concezione analoga dell'essenza come struttura significativa atemporale, questo libro non avrebbe potuto intitolarsi *L'anima e le forme*. Se infatti l'ambiente esterno non era essenziale per le «Forme» studiate nel libro precedente (Romanticismo, saggio, tragedia, ecc.), nella letteratura *epica* le «Forme» sono l'espressione dei rapporti multipli e complessi che l'anima intrattiene col mondo, il quale diviene quindi, accanto all'anima e allo stesso livello di essa, il fondamento essenziale e indispensabile delle «Forme» stesse.

Così, in un'epoca in cui la crisi della società occidentale si è fatta evidente agli occhi di tutti coloro i quali solo qualche anno prima non ne avevano avuto il minimo sospetto, Lukács, che era stato uno dei primi a scoprirla, afferma la categoria della speranza realistica e con ciò stesso abbozza la categoria centrale del suo pensiero successivo, la categoria della *possibilità oggettiva*.

Fondata sulla categoria del « tutto o niente », *L'anima e le forme* era un'opera univoca che affermava la grandezza della coscienza autentica e solitaria, la grandezza del rifiuto dominato dalla categoria del « sì o no », della contraddizione; *Teoria del romanzo* è invece un libro dialettico, hegeliano, che afferma, come il tipo umano più valido nel mondo attuale, l'individuo complesso e problematico.

Nulla, in questo libro, lascia supporre una conoscenza della teoria marxiana della reificazione di cui Lukács sarà il primo a mostrare, nel 1923, l'importanza e la fecondità; e tuttavia, analizzando, in concomitanza con lo studio del romanzo, l'essenza della condizione umana nella società occidentale moderna (beninteso, siamo noi a delimitare in siffatto modo lo sfondo storico e sociale dell'opera), Lukács isola già le manifestazioni psichiche di tale fenomeno.

Il romanzo è, per Lukács, la principale forma letteraria di un mondo in cui l'uomo non è né di casa né tutt'affatto straniero. Perché vi sia letteratura epica (e il romanzo è una forma di epos), occorre una comunanza fondamentale; perché si dia romanzo, occorre un'opposizione radicale tra l'uomo e il mondo, tra l'individuo e la società. Tra, da un lato, l'epopea che esprime l'adeguamento dell'anima e del mondo, dell'interiorità e dell'esteriorità, l'universo cioè in cui le risposte sono presenti prima ancora che siano formulate le domande; in cui si danno pericoli ma non minacce, ombre ma non tenebre; in cui il significato è implicito in ogni aspetto della vita e richiede solo di essere formulato, e non già scoperto: e, dall'altro lato, la tragedia, che è la forma letteraria dell'essenza pura, della solitudine e della negazione di qualsiasi vita, il romanzo è la forma dialettica dell'epos, della solitudine nella comunità, della speranza senza avvenire, della presenza nell'assenza. Per usare un'immagine di Lukács, tra quella letteratura dell'infanzia e della giovinezza che è l'epopea, e quella letteratura della coscienza e della morte che è la tragedia, il romanzo è la forma letteraria della virile maturità.

Il nostro intento non è però quello di riproporre analisi che il lettore troverà nelle pagine di Lukács, bensì quello di tentare di facilitarne la comprensione ponendo le analisi stesse in rapporto con le posizioni successive di Lukács, nonché con gli studi da noi compiuti.

Sul piano dell'estetica scientifica e dello studio positivo delle forme, alle prime opere non marxiste di Lukács va innanzitutto il merito di essere riuscite a descrivere, grazie a una serie di intuizioni che saremmo tentati di definire geniali, un certo numero di strutture significative corrispon-

enti a diversi generi letterari, strutture che è
tato possibile inserire in seguito in un'analisi
lobale e genetica delle società nel cui ambito si
ono sviluppate.

In realtà, nulla può sembrare, di prim'acchito,
iù lontano dal marxismo e da ogni forma di so-
iologia, di questa concezione delle essenze come
trutture significative atemporali. Eppure, è pro-
rio a partire da queste opere che è stato ela-
orato un certo numero di analisi, le quali han
ermesso di costituire i primi elementi di una
ociologia positiva della letteratura e della filoso-
a. Ricordiamo qui, accanto ai successivi lavori
li Lukács stesso, i nostri propri studi sulla filo-
ofia di Kant, sulle *Pensées* di Pascal e sul teatro
li Racine, l'avvio ai quali ci è stato dato da
l'anima e le forme, nonché la notevole opera di
Erich Köhler su Chrétien de Troyes, ispirata a
erte pagine di *Teoria del romanzo* [1]. Ma il passo
iù cospicuo verso uno studio marxista della let-
eratura, ci sembra pur sempre esser stato la de-
crizione, contenuta in questo libro, della strut-
ura significativa del romanzo, descrizione che in
eguito, nell'ambito di una ricerca tuttora in corso,
iamo riusciti a mettere in rapporto con l'analisi
marxiana del feticismo della merce, mostrando co-
ne nell'uno e nell'altro caso si tratti di strutture
ignificative *omologhe.*

In effetti, si sapeva da un pezzo che il romanzo
ra la principale forma letteraria corrispondente

---

[1] Erich Köhler, *Ideal und Wirklichkeit in der höfischen Epik,*
Tubinga, 1956

alla società borghese, e che la sua evoluzione era strettamente legata alla storia di tale società; tuttavia, nessuno, a quanto ci risulta, era riuscito a mettere in luce il legame intelligibile che ha generato questa corrispondenza.

A nostro avviso, l'accostamento dell'analisi di Lukács alle analisi del valore e del feticismo della merce contenute nei primi capitoli de *Il Capitale,* ci ha dato modo di avanzare di qualche passo sulla via della delucidazione di questo problema, nonché di apportare un certo numero di ritocchi a uno dei capitoli più importanti dell'epistemologia dialettica.

Prendiamo l'avvio da un profilo schematico dell'analisi di Lukács del romanzo, in quanto struttura significativa, analisi che lo stesso Lukács limita a un settore della letteratura romanzesca – eliminando quelle che chiama le forme degradate, la *Unterhaltungsliteratur,* la letteratura amena –, nel quale egli tenta però, a nostro avviso a torto, d'includere una delle forme romanzesche più importanti, vale a dire l'opera di Balzac [1].

La forma romanzesca analizzata da Lukács è caratterizzata, come abbiamo già detto, in pari tempo dalla comunanza e dall'antagonismo radicale tra l'eroe e il mondo: *comunanza* che ha il proprio fondamento nella degradazione comune all'uno e all'altro in rapporto ai valori autentici che

[1] Le pagine che Lukács consacra a Balzac sono indubbiamente penetranti e ricche d'insegnamenti. Ciò non toglie tuttavia che anche ad accettarle nella loro integrità, esse costituiscano una descrizione di certi tratti d'una forma romanzesca nella quale manca l'individuo problematico che giustamente costituisce, secondo Lukács, l'elemento centrale di tutte le altre opere da lui analizzate

reggono l'opera, all'assoluto, alla divinità [1]; *anta-gonismo* che si basa sulla natura diversa e perfino opposta di tale degradazione.

In rapporto ai valori autentici, il mondo è convenzionale e radicalmente degradato, straniero a tutto ciò che potrebbe essere una patria, un focolare per l'anima; al contrario, l'eroe resta legato a questi valori, benché ciò avvenga in molo degradato, mediato e indiretto, un modo che Lukács definisce « demoniaco » in contrapposizione al legame immediato, al positivo, al divino.

A delucidare l'analisi di questa struttura, servirà forse dire che i valori che comandano l'opera non vi si manifestano mai in maniera esplicita, né nel mondo né nella coscienza dell'eroe. E' per questo che la struttura romanzesca analizzata da Lukács è una forma letteraria dell'*assenza*. E tuttavia, tali valori agiscono effettivamente nell'universo dell'opera che essi reggono, in modo *implicito*. L'unica loro presenza manifesta si situa nella coscienza dell'autore, in cui d'altra parte i valori in questione sono presenti soltanto secondo la modalità particolare e insufficiente di una esigenza *concettuale etica*, d'un *dover essere*, e non già in quanto realtà totalmente ed effettivamente vissuta; senza di che, l'autore avrebbe probabilmente scritto un poema epico, non già un romanzo.

Nessuno scrittore potrebbe infatti dar vita a un'opera valida, ponendo problemi che egli stesso ha superato. Ecco perché, se il romanzo

---

[1] Non si tratta, beninteso, di valori ammessi e riconosciuti dal critico o dal lettore, bensí di valori che comandano la struttura dell'opera e che possono differire da un'opera all'altra.

non fosse che la testimonianza di un'esperienza passata, se i valori fossero presenti in maniera non problematica nella sua propria coscienza, lo autore potrebbe e anzi dovrebbe renderli presenti nell'opera stessa. E' dunque l'insufficienza, il carattere problematico di tali valori, non soltanto nella coscienza dell'eroe, ma anche in quella dell'autore, che spiega la nascita della forma romanzesca.

Storia di una ricerca problematica e demoniaca che non potrebbe trovar fine, dal momento che il raggiungimento della meta sarebbe appunto il superamento della frattura tra l'eroe e il mondo, e con ciò stesso il superamento dell'universo romanzesco, il romanzo è una forma biografica *par excellence,* e in pari tempo una cronaca sociale nella misura in cui tale ricerca si svolga all'interno di una data società.

Indubbiamente, ogni romanzo autentico ha una fine necessaria e organica. Ma tale fine, di cui la morte dell'eroe altro non è se non l'espressione simbolica, discende unicamente dalla presa di coscienza, da parte dell'eroe stesso, del carattere demoniaco e vano delle proprie precedenti speranze, e non già da un'armonia effettivamente trovata.

In ciò consiste l'elemento comune ai tre tipi fondamentali di romanzo distinti da Lukács nella sua opera: il romanzo dell'idealismo astratto del personaggio demoniaco dalla coscienza troppo limitata per la complessità del mondo (tipo *Don Chisciotte* o *Il rosso e il nero*), il romanzo psicologico a eroe passivo, la cui anima è troppo vasta per adattarsi al mondo (tipo *Educazione sentimentale*) e l' *Erziehungsroman*, il romanzo pedagogico, della rinuncia cosciente che non è né rassegnazione né disperazione (tipo *Wilhelm Meister* o *Der grüne Heinrich*). La forma romanzesca comporta in tal modo quella che Lukács definisce l'ironia dell'autore in rapporto alla propria opera, ironia la quale deriva dal fatto che l'autore stesso conosce il carattere demoniaco e in pari tempo vano della ricerca dell'eroe, il carattere convenzionale del mondo nel cui ambito essa ricerca si svolge, l'insufficienza della conversione finale e l'aspetto concettuale dei valori, quali esistono nella sua coscienza.

Così, il carattere non manifesto dei valori che reggono la struttura romanzesca governa non solo questa, ma anche la struttura più vasta ed essenziale alla sua comprensione che coinvolge e l'autore e la sua opera.

L'eroe del romanzo è un individuo problematico, un pazzo o un criminale, in quanto va sempre alla ricerca di valori assoluti senza conoscerli e viverli integralmente e senza potere per ciò stesso avvicinarli: una ricerca che progredisce di continuo senza mai avanzare, un movimento che Lukács ha definito con la formula: « Conclusa è la strada, iniziato il cammino. »

Nell'analisi del secondo tipo di romanzo, quello dell'eroe passivo dalla coscienza troppo ampia in rapporto al mondo ristretto nel quale vive, Lukács introduce una problematica che avrà una importanza di primo piano nel pensiero filosofisico del XX secolo: la problematica della temporalità.

Anche qui, non si tratta di una scoperta originale, nè Lukács la spaccia per tale; anzi, formulandola, fa esplicito riferimento a Hegel e a Bergson.

E tuttavia, c'è una differenza notevole tra il pensiero di questi due filosofi e l'analisi di Lukács, differenza che è tanto più opportuno segnalare in quanto essa costituisce l'elemento di maggior divario tra questo libro, eminentemente hegeliano, e l'effettivo pensiero di Hegel.

Mentre per Hegel e Bergson il tempo ha un significato positivo e progressivo, è una modalità di compimento e di attuazione, in *Teoria del romanzo* Lukács lo vede come processo di degradazione continua, come schermo interposto tra lo uomo e l'assoluto.

E tuttavia, al pari di tutti gli altri elementi costitutivi di quella struttura eminentemente dialettica che è la struttura del romanzo, la temporalità ha anch'essa una natura insieme negativa e positiva: degradazione progressiva dell'eroe, essa è in pari tempo progresso d'una forma prima, inferiore, verso una forma più autentica e più chiara della coscienza dei rapporti problematici e mediati dell'anima con i valori e con l'assoluto; passaggio dalla *speranza,* insieme autentica e illusoria, che ha guidato la ricerca, alla *memoria* cosciente, e della vanità, e dell'autenticità di tale speranza, autenticità d'altra parte essa stessa problematica e contraddittoria, dal momento che risiedeva nella natura della ricerca, non già nella possibilità di compimento della ricerca.

Il romanzo si presenta quindi quale una struttura dialettica, caratterizzata dal fatto che in esso non vi ha nulla di univoco: né l'eroe problematico che ricerca i valori assoluti secondo una modalità inautentica e degradata; né il mondo che, pur essendo convenzionale e cristallizzato, conserva un carattere sufficientemente positivo perché la ricerca dell'eroe sia possibile; né il tempo che, pur essendo un processo di decomposizione e di degradazione, conserva in permanenza un rapporto complesso e mediato coi valori autentici sotto la duplice forma della speranza illusoria e del ricordo cosciente e privo d'illusioni; né la coscienza dello scrittore che è — ed è questa una delle caratteristiche particolari della forma del romanzo — un elemento costitutivo dell'opera, coscienza che è essa stessa problematica, normativa, un dover essere in una struttura il cui carattere epico nega il dover essere e ne fa un non valore.

Teoria del romanzo si limita a quest'analisi della struttura romanzesca quale essenza significativa, che essa a malapena ricollega alle condizioni storiche nelle quali è apparsa e si è sviluppata. Solo alcuni passi si riferiscono non già alla storia reale, bensì a un divenire trascendentale cui corrisponderebbe una successione essenziale delle « Forme »: epopea, tragedia, filosofia, romanzo. In tal senso, il libro di Lukács è indubbiamente idealistico, e i marxisti dogmatici, che conoscono soltanto opere valide nella misura in cui sono « ortodosse » al cento per cento e fedeli al « Maestro » fin nelle virgole, e opere prive di qualsiasi valore nella misura in cui sono eretiche o estranee al marxismo, hanno senza dubbio ragione di far rientrare le opere giovanili di Lukács nella seconda categoria.

Costoro dimenticano però che Marx stesso, lungi dal negare in blocco i risultati dei lavori teorici anteriori o contemporanei, spesso ne ha utilizzati alcuni, integrandoli in parte nella propria opera. Dire che *Teoria del romanzo* è un libro idealistico, è cosa senza dubbio vera ma, in ultima analisi, irrilevante. Ciò che importa è sapere quale sia il suo valore, in quanto studio limitato e parziale, e in quale misura, ammettendo, come noi facciamo, che un'analisi valida debba essere globale, storica e dialettica, la struttura significativa elaborata da Lukács costituisca non già uno stadio finale, ma una tappa importante del processo di elaborazione della struttura in questione.

Ora, si è constatato che soltanto a partire dall'opera di Lukács e — inutile dirlo — superandola, un'analisi marxistica e dialettica della forma del romanzo è risultata possibile; inoltre, questa analisi ci ha dato modo, non soltanto di comprendere la genesi di tale forma, bensì anche di integrarla nello studio marxiano della società capitalistica e di apportare, proprio grazie a ciò, certi ritocchi all'indagine stessa.

La descrizione di Lukács, della struttura del romanzo, descrizione eseguita senza alcun riferimento esplicito o implicito al marxismo, è in effetti *rigorosamente omologa* alla descrizione del mercato liberalistico contenuta ne *Il Capitale* (soprattutto nei passi relativi al feticismo della merce), per modo che il rapporto, noto da tempo, tra la storia del romanzo e la storia della borghesia si fa, se non interamente, almeno parzialmente comprensibile.

L'universo del romanzo è descritto da Lukács come un mondo che non può comportare un eroe positivo, per la semplice ragione che tutti i valori che lo governano sono *impliciti* e che, in rapporto a tali valori, tutti i personaggi hanno un carattere insieme negativo e positivo. A questo bisogna aggiungere l'esistenza di una opposizione radicale tra il mondo convenzionale e spoglio di significato, il cui rapporto coi valori è estremamente mediato e appena sufficiente a rendere possibile la struttura epica, e l'eroe problematico, la cui esistenza è costituita unicamente dalla ricerca, per quanto degradata e demoniaca, di tali valori autentici.

E' chiaro che, ridotta al proprio schema generale, tale descrizione si rivela rigorosamente omologa a quella che già gli economisti liberali, ma soprattutto Marx (il quale alla descrizione classica ha aggiunto l'analisi del feticismo della merce), ci hanno dato di una società liberale intenta a produrre per il mercato.

In una società simile, la produzione permane sempre, esattamente come nelle società precapitalistiche, guidata dai valori d'uso; si produce un certo numero di beni, le cui proprietà qualitative, i valori d'uso, corrispondono al consumo reale dei membri della società; ma la differenza essenziale tra la produzione per il mercato e le economie naturali o pianificate risiede in ciò, che il valore d'uso nella prima è divenuto *implicito,* e non condiziona il comportamento di nessuno degli agenti della produzione, comportamento che è guidato dalla preoccupazione esclusivistica per valori di scambio meramente quantitativi, e per ciò stesso degradati dal punto di vista umano. Il valore d'uso dei beni resta, ciò nondimeno, condizione indispensabile per realizzare il valore di scambio e il profitto, uniche preoccupazioni dei produttori.

Quanto agli acquirenti, questi cercano, non vi è dubbio, il valore d'uso dei beni di cui hanno bisogno, ma non possono attingervi in maniera immediata e diretta e si vedono obbligati a passare per la mediazione, quantitativa e degradata, dei prezzi e dell'acquisto sul mercato.

L'omologia tra le due strutture ci sembra sorprendente.

Vero è che questa omologia, alquanto imprevista di primo acchito, la quale rende parzialmente comprensibile il rapporto tra lo sviluppo della borghesia e quello della forma del romanzo, pone tutta una serie di problemi, in primo luogo quello di capire come la realtà economica abbia potuto dar vita a una struttura letteraria corrispondente, mentre d'altra parte, almeno per il momento, non ci sono note omologhe strutture intermedie nell'ambito della coscienza collettiva. D'altronde, la sociologia della letteratura, marxista o non màrxista, finora si fondava sull'ipotesi dell'esistenza di mediazioni nell'ambito della coscienza collettiva, mediazioni che costituivano il legame tra, da un lato, la vita sociale ed economica e, dall'altro, le grandi creazioni dello spirito. Nel nostro studio sulla visione tragica del XVII secolo, noi stessi abbiamo messo in luce tutta una serie di mediazioni del genere tra la situazione sociale ed economica della *Noblesse de Robe* e l'opera di Racine e di Pascal (movimento politico di opposizione parlamentare, gruppo giansenista, teologia del dio nascosto, morale della solitudine, ecc.). Ora, risulta evidente la difficoltà di rintracciare mediazioni tra le strutture omologhe del mercato liberale e della forma romanzesca.

A prima vista, la cosa appare sorprendente, e con tutta probabilità è stato proprio per questa ragione che i sociologi, marxisti o non marxisti, orientati verso la ricerca delle mediazioni nello ambito della coscienza collettiva, non hanno mai colto l'omologia di cui abbiamo testé parlato. In realtà, è sufficiente una riflessione anche non eccessivamente approfondita per constatare come tale assenza di mediazioni, imprevista per il sociologo, s'integri perfettamente nell'analisi marxiana del feticismo della merce o, per usare una espressione consacrata ulteriormente da Lukács, della reificazione. Marx ci insegna che la struttura delle società capitalistiche presenta, in rapporto ad altre forme d'organizzazione sociale, un certo numero di caratteri particolari risultanti dal fatto che, nelle coscienze, ai rapporti umani s'è sostituito il prezzo delle merci, alla qualità la quantità. Tra queste si situa, in primissimo luogo, l'esistenza di un settore autonomo in rapporto al resto della vita sociale, il settore economico, che tende a svilupparsi e ad agire sempre più intensamente sugli altri, in pari tempo subendone in misura limitatissima e sempre minore la influenza. La disputa tanto vivace, in corso nella letteratura marxista, circa il concetto di coscienza-riflesso, concerne appunto questo fenomeno. In effetti, tanto i paladini della coscienza-riflesso quanto i suoi detrattori, possono a giusto titolo rifarsi a Marx nella misura in cui questi, pur non avendo mai affermato che la coscienza è sempre e ovunque un semplice riflesso dell'attività produttrice di beni materiali [1], ha tuttavia effettivamente dimostrato che lo sviluppo d'un settore economico autonomo in seno alla società capitalistica che produce per il mercato, tende a sottrarre progressivamente alla coscienza ogni funzione attiva e a trasformarla in semplice riflesso passivo dell'infrastruttura.

Ora, nella misura in cui tale analisi si rivela valida, e noi riteniamo che effettivamente essa lo sia, è logico che in questa società le mediazioni fondate sulla funzione attiva della coscienza abbiano la tendenza a sparire per far posto a un legame diretto tra la vita economica e la vita dello spirito.

Resta tuttavia aperto un problema, quello di

---

[1] Non ci serviamo del termine « economia » perché a nostro avviso questa non è, per Marx. una categoria metastorica e generale, bensì soltanto la forma che l'attività produttrice assume in una società in cui essa è governata dal mercato. Quanto poi alle espressioni « vita sociale » o « rapporti di produzione », sarebbero impropri nel contesto, la creazione intellettuale e letteraria essendo essa pure un elemento costitutivo della vita sociale e dei rapporti di produzione.

sapere quali siano i processi concreti che permettono l'esistenza d'un legame del genere tra i due ambiti. In che modo lo sviluppo d'una struttura economica determina la nascita di strutture omologhe nella creazione letteraria? Problema complesso quant'altri mai, in merito al quale ci siamo permessi di formulare alcune ipotesi.

In effetti noi riteniamo che sia necessario tener conto dell'azione congiunta di parecchi fattori, vale a dire:

a) L'esperienza personale dello scrittore il quale, al pari di tutti i creatori, diviene, nella società che produce per il mercato, un *individuo problematico par excellence* per il semplice fatto che, da un lato, egli continua a interessarsi in primissimo luogo al valore d'uso, alla qualità delle proprie opere, laddove per tutti i produttori « normali » di tale società la qualità è soltanto una via traversa per attingere all'unico fine veramente importante, il valore di scambio puramente quantitativo, e che, d'altro lato, lo scrittore non potrebbe, se vuol sopravvivere, orientare la propria attività esclusivamente verso il valore d'uso, la qualità delle proprie opere, ignorandone totalmente il valore di scambio, la possibilità di venderle quali merci in grado di garantirgli un minimo di profitto. La celebre frase di Flaubert: « Madame Bovary sono io », esprime con ogni probabilità un'esperienza generale valida per tutti gli autori di romanzi davvero importanti.

b) L'esistenza, nell'ambito della società reificata, d'un certo strato sociale, che ancora dev'essere determinato mediante ricerche sociologiche concrete, nel quale si viene a creare un disagio affettivo e *non-concettualizzato* nei confronti del crescente processo di reificazione, disagio che nel caso specifico costituisce il fondamento sociale indispensabile alla creazione di qualsiasi opera letteraria autentica.

c) L'esistenza, nell'ambito di questa società, di un complesso *concettualizzato* di valori che, pur non essendo superindividuali, presentano nondimeno un carattere generale, quelli dell'individualismo, e i quali — va rilevato — sono, a cagione del rapporto che li lega alla struttura economica liberale all'interno di tale economia, insieme necessari, generali e inattuabili. L'esistenza dei valori individualistici ci sembra costituire, tra l'altro, il fondamento della struttura biografica del romanzo tradizionale.

S'aggiunge che questa ipotesi ci sembra mettere in luce un altro rapporto particolarmente significativo tra due processi più o meno sincronici, quello della sparizione dell'individualismo sul piano dell'economia (processo che i pensatori marxisti hanno rilevato sotto forma di trasformazione dell'economia liberale in economia monopolistica, di passaggio dal capitalismo di tipo classico all'imperialismo), e la trasformazione omologa del romanzo, caratterizzata per l'appunto dalla sparizione del personaggio individuale e del racconto biografico.

La descrizione schematica, contenuta in questa introduzione, della possibilità d'inserimento di

Teoria del romanzo in un'analisi marxista globale, è giustificata dall'ulteriore evoluzione subita da Lukács stesso il quale, dopo essersi iscritto, nel 1917, al Partito comunista ungherese e essere stato commissario del popolo nel governo di Bela Kuhn, nel 1923 pubblicherà una delle opere marxistiche insieme più importanti e più discusse, *Storia e coscienza di classe.*

Attualmente, le vicende toccate a questo libro sono più o meno note ai circoli intellettuali europei. Al momento della pubblicazione, l'opera ebbe straordinaria risonanza, e determinò la nascita di una sorta di «scuola» teorica, i principali rappresentanti della quale furono: Karl Loesch, Herbert Marcuse e Karl Mannheim, ma suscitò anche reazioni quanto mai energiche nei circoli marxistici tradizionali legati alle due grandi correnti internazionali della socialdemocrazia e del comunismo. Il Partito comunista, di cui Lukács era membro, condannò ufficialmente l'opera, e Lukács, che non intendeva dare le dimissioni, accettò una specie di *gentleman agreement*: cessò di scrivere, e il partito rinunciò a chiedergli quali fossero le sue opinioni teoriche. Fu solo molto tempo dopo, di fronte all'ascesa del fascismo in Germania e soprattutto in seguito alla sua vittoria, che lo stesso Lukács, modificando sinceramente le proprie posizioni, criticò le sue prime opere teoriche e riprese a pubblicare.

E' a partire da questo momento che ha inizio il secondo periodo, di gran lunga il più importante dal punto di vista quantitativo, della sua opera, periodo che differisce totalmente dal primo.

Purtroppo, la posizione di Lukács nell'ambito del pensiero marxista dal momento in cui ha ripreso a scrivere, ha sempre suscitato malintesi; perché, da un lato, i comunisti ufficiali l'hanno sempre considerato con un certo sospetto e diffidenza a causa del suo passato, che si son sempre rifiutati di considerare del tutto chiuso; dall'altro, i rappresentati dell'«opposizione» e i marxisti non ortodossi hanno anch'essi il più delle volte ritenuto che la «sottomissione» di Lukács fosse puramente esteriore e che egli scrivesse opere in contrasto con le sue più intime convinzioni. Naturalmente, tali supposizioni erano errate. Tuttavia, esse hanno avuto, per ciò che riguarda la storia delle idee e l'atteggiamento personale di Lukács, spiacevoli conseguenze, limitando oltremodo la libertà d'espressione dello scrittore. Sospettato dagli uni e dagli altri di difendere ancora, almeno parzialmente e anche se in modo velato, le antiche posizioni politiche degli anni di *Storia e coscienza di classe,* Lukács s'è visto costretto a porre di continuo l'accento sul fatto ch'egli le aveva del tutto abbandonate, e non s'è mai più preoccupato di rifarsi alle idee scientifiche e metodologiche valide, e addirittura geniali, che aveva elaborato in quell'opera. In pari tempo, divenuto sospetto agli occhi dei dirigenti d'un partito del quale era membro, Lukács s'è limitato a pubblicare saggi di critica letteraria e di filosofia, anche in ciò disponendo di una libertà di espressione ben più ridotta di quella concessa a qualsiasi altro membro dello stesso partito, il quale non dovesse sopportare il peso di un analogo passato.

Tralasciando tuttavia i numerosi e senza dubbio importanti, ma nondimeno secondari, particolari derivati da tale situazione, ci limiteremo a constatare come *Storia e coscienza di classe* difenda indubbiamente posizioni politiche che in seguito si sono chiaramente rivelate erronee, ma che questo libro ha d'altro canto un'importanza capitale per tutto ciò che ha apportato al pensiero filosofico e soprattutto alla metodologia delle scienze umane.

E' questo un fatto che è tanto più necessario sottolineare, in quanto accade ancor oggi che molte persone attribuiscano, a coloro i quali si rifanno a quest'opera sul piano scientifico, le idee politiche in essa opera difese e che possono anche essere loro totalmente estranee e, inversamente, che le persone in questione diffidino della metodologia scientifica di Lukács, in quanto ne respingano la tematica politica.

Per ciò che concerne il piano della metodologia, l'importanza di *Storia e coscienza di classe* risiede nel decisivo progresso che l'opera segna, sostituendo l'idea fenomenologica di struttura significativa *atemporale,* che aveva informato le due opere precedenti dell'autore, col concetto marxista e dialettico di struttura significativa temporale e dinamica, fondato sull'idea di Totalità, ed elaborando, a partire da essa, gli altri due concetti marxisti fondamentali di *coscienza possibile (zugeordnetes Bewustsein)* e di *possibilità oggettiva,* mediante i quali le scienze umane acquisiscono finalmente lo statuto di discipline positive e operative [1].

Totalità, strutture significative dinamiche, necessità di uno studio genetico di tali strutture, ricorso all'avvenire come fattore esplicativo del presente, massimo di coscienza possibile, possibilità oggettiva: indubbiamente, nessuno di questi concetti preso in sé e per sé, né la loro sintesi globale, rappresenta una nuova scoperta; si tratta di concetti costitutivi dell'opera di Marx, e Lukács, del resto, li presenta esclusivamente come tali.

Solo che, come lo stesso Lukács fa notare, i concetti in questione, e soprattutto quello di Totalità, erano perlopiù assenti dall'*Anti-Dühring,* nonché, possiamo aggiungere noi, da *Materialismo ed empiriocriticismo* di Lenin. Ora, in ultima analisi, è stato l'*Anti-Dühring,* e non già gli scritti di Marx, a formare il pensiero marxista dei partiti socialisti europei. In questo senso, l'opera di Lukács rompeva, per tornare alle origini, con una tradizione ormai vecchia e saldamente instaurata.

Nulla potrebbe meglio illustrare l'importanza di quest'opera del fatto, che a noi oggi appare quasi inconcepibile, che, intervenendo in una disputa in corso tra i principali pensatori marxisti in merito alla filosofia che meglio corrispon-

[1] A tale proposito, si veda: Lucien Goldmann, *Le dieu caché,* Paris 1956 (trad. it., Milano 1959); *Recherches dialectiques,* Paris 1958; *Sciences humaines et philosophie,* Paris 1962 (trad. it., Milano 1962).

deva al materialismo storico — disputa nella quale Kautsky si rifaceva al pensiero di Darwin, Bernstein, Max Adler e un certo numero di altri marxisti meno noti al pensiero filosofico di Kant, Plechanov a quello di Spinoza e di Feuerbach, il gruppo dei pensatori russi contro i quali Lenin scriverà *Materialismo ed empiriocriticismo* al pensiero di Mach e di Avenarius, Lenin stesso a un materialismo meccanicistico assai prossimo a Feuerbach [1] — Lukács è stato il primo, con l'unica eccezione, forse, di Antonio Labriola, a ricordare che la filosofia più prossima al marxismo era la dialettica hegeliana.

In effetti, è certo che anche sul piano metodologico l'opera di Lukács si spinge troppo oltre nel senso dell'hegelismo, affermando *l'identità totale di soggetto e oggetto* sul piano della vita sociale e della conoscenza della società. Indubbiamente, questa formula idealistica e hegeliana, di gran lunga troppo radicale e difficile da difendere sul piano della scienza positiva, è connessa alle valutazioni politiche errate contenute nella opera, valutazioni di cui avremo occasione di parlare più innanzi.

A tale proposito, siamo stati indotti a proporre una formula più moderata, quella dell'*identità parziale di soggetto e oggetto*, identità la cui natura varia a seconda dei casi particolari e che occorre precisare nel momento in cui ci si accinge a studiarla.

---

[1] *I quaderni sulla dialettica* non erano ancora noti in Occidente.

Non bisogna tuttavia dimenticare che l'errore metodologico più importante, tanto della sociologia positivistica che ancor oggi regna nella maggior parte delle università occidentali, quanto del marxismo meccanicistico, di sfumatura staliniana o socialdemocratica che sia, è consistito proprio nell'affermazione *contraria,* vale a dire della *differenza radicale* tra il soggetto e l'oggetto, e della possibilità di una sociologia oggettiva per la quale l'intervento alterante dei giudizi di valore altro non sarebbe che un complesso d'accidenti oltremodo frequenti, sì, ma in ultima analisi evitabili.

Nell'ambito di questa prospettiva, e data quest'evoluzione, l'idealismo di Lukács in *Storia e coscienza di classe* ci appare errato, sì, ma assai meno grave della posizione meccanicistica e scientistica che ha reso sterile il pensiero marxista nel corso degli ultimi trentacinque anni.

Sul piano delle ricerche concrete, l'opera contiene, al pari di tutti i libri di Lukács, un gran numero di analisi degne di nota, la più importante delle quali ci sembra essere quella della reificazione.

Anche in questo caso, del resto, Lukács non fa che riprendere, facendovi espresso riferimento, una teoria elaborata da Marx ne *Il Capitale,* teoria di cui dimostra tuttavia il valore operativo sul piano dell'epistemologia e dello studio della vita artistica, letteraria e intellettuale.

Sul piano politico, Lukács, che in quest'opera ha sviluppato la categoria di rivoluzione come

« Forma » globale, come struttura dinamica significativa, si situa, con certi ritocchi imposti dalla esperienza del bolscevismo e della rivoluzione russa, nella prospettiva di una corrente rappresentata in primo luogo da Rosa Luxenburg, corrente per la quale l'Europa e il mondo al di fuori di questa si trovavano di fronte la prospettiva imminente d'una rivoluzione mondiale a carattere esclusivamente proletario. Ora, la stabilizzazione del capitalismo occidentale a partire dal 1923, il fatto che l'estensione territoriale delle società a carattere socialistico si sia verificata solo molto più tardi, dopo la seconda guerra mondiale, e che abbia avuto luogo quasi esclusivamente in paesi a scarso sviluppo industriale e con economia prevalentemente agricola, hanno chiaramente dimostrato il carattere errato di tale valutazione. E' per questo che ci sembra sorprendente constatare fino a che punto partigiani e avversari di Lukács, pur ammettendo ch'egli è un grande pensatore, siano sempre rimasti diffidenti di fronte alla sua critica di una posizione la cui erroneità s'imponeva, e in modo evidentissimo, alla riflessione più elementare e superficiale.

Sul piano filosofico, infine, Lukács accede, a partire da *Storia e coscienza di classe*, alle posizioni marxiste cui in seguito si manterrà definitivamente fedele.

In ultima analisi, Lukács è sempre stato un grande saggista. Per quanto importanti siano state le analisi positive di strutture significative quali la tragedia, il saggio, il romanzo e la rivoluzione, esse costituivano per lui soltanto un primo piano, un mettere in luce realtà concrete privilegiate, prendendo lo spunto dalle quali egli poteva formulare, sul piano concettuale, i problemi e le riflessioni sulla vita umana e sul suo significato, che gli sembrano più importanti.

Se la coscienza univoca dei limiti, quella della solitudine e quella della morte, gli parevano, all'epoca in cui scriveva *L'anima e le forme*, le categorie fondamentali che permettevano di cogliere la condizione umana; se l'assenza, la contraddizione e l'esistenza problematica erano le categorie di *Teoria del romanzo*, lo studio della rivoluzione in *Storia e coscienza di classe* gli ha permesso di formulare una filosofia basata sulla comunanza, l'avvenire e la speranza, oggettivamente fondata, di valori autentici attuabili mediante l'azione rivoluzionaria del proletariato e dell'umanità.

Kant, Hegel, Marx: attraverso i suoi tre libri, Lukács ripercorre in tal modo per conto proprio il cammino della filosofia classica tedesca.

Per lunghi anni, durante i quali Lukács si terrà lontano dalla vita intellettuale e filosofica, i problemi ch'egli ha sollevato si troveranno al centro di una possente rinascita filosofica che affonderà le proprie radici in una crisi profonda della società borghese occidentale e nell'angoscia che susciterà nei pensatori della borghesia.

Non è tuttavia puro caso che i due pensatori più importanti di tale rinascita filosofica, Heidegger e Jaspers, appartengano alla stessa generazione di Lukács e provengano dallo stesso ristretto circolo universitario, quello della « scuola » della Germania sud-occidentale.

Noi riteniamo che non si possa comprendere tale rinascita filosofica, angosciata e decadente, se non si tien conto del fatto che essa si elabora sempre in rapporto a un pensatore provvisoriamente assente, dimenticato e isolato nel silenzio, il quale tuttavia tale rinascita ha preceduto, tracciando gli ambiti e i livelli della discussione, i problemi attorno a cui essa si svolge, ma che ha sempre affermato la dignità dell'uomo, il valore della chiara coscienza, del coraggio e della speranza.

Molto più tardi, verso il 1933-36, Lukács riprenderà le fila della sua importante opera, inserendola però in tutt'altro contesto: un'opera che, delle antiche dispute, riapre soltanto quella con un altro pensatore, Ernst Bloch, il quale s'è anch'egli accostato al marxismo pur senza mai avervi aderito integralmente.

Non abbiamo qui la possibilità di analizzare né tale disputa, accentrata sul valore storico della chiara coscienza e delle illusioni utopistiche (Lukács difende la prima, Bloch le seconde), né l'opera propriamente comunista di Lukács a partire dal 1932.

Il che non significa, beninteso, che si tratti di problemi secondari, e noi speriamo sinceramente di poterli studiare in un prossimo futuro. Le poche pagine di questa introduzione si pro-

ponevano tuttavia in primissimo luogo di loca-
lizzare *Teoria del romanzo* e di sottolineare l'importanza ai fini della comprensione della storia
intellettuale del XX secolo in generale, e del suo
pensiero filosofico in particolare [1].

LUCIEN GOLDMANN

[1] Allo scopo di evitare qualsiasi malinteso, sottolineiamo che,
in rapporto a *Storia e coscienza di classe*, Lukács ha modificato le
proprie posizioni non soltanto per ciò che concerne le analisi politiche e l'affermazione dell'identità del soggetto e dell'oggetto,
ma anche riguardo alla critica di Engels, e che attualmente egli
difende il carattere dialettico delle scienze naturali. Un punto,
quest'ultimo, sul quale non possiamo essere d'accordo con lui.

A Jeljena Andrejewna Grabenko

1 · Le forme della grande epica
nel loro rapporto con i limiti ovvero la
problematica della cultura nel suo insieme

Tempi beati: tali, quelli in cui è il firmamento a costituire la mappa delle vie praticabili e da battere, e le cui strade illumina la luce delle stelle. Tutto è nuovo, per essi tempi, e insieme familiare, avventuroso eppure noto. Il mondo è ampio e tuttavia quale la propria casa, ché il fuoco che nell'animo arde è della stessa sostanza delle stelle; nettamente separati son tra loro il mondo e l'io, la luce e il fuoco, epperò mai risultano l'uno all'altro estranei: il fuoco è infatti il nocciolo di ogni luce, di luce si veste ciascun fuoco. Sicchè ogni atto dello spirito acquista significato e pienezza in questa duplicità: totalità nel senso e per i sensi; pienezza, perché l'anima in sé riposa nel corso dell'azione; pienezza, ancora, perché il suo fare da esso si distacca e, autonomizzandosi, trova un suo proprio centro e attorno a se stesso traccia un cerchio concluso. « La filosofia è propriamente nostalgia, » dice Novalis, « è desiderio di sentirsi ovunque a casa propria. » Perciò la filosofia è, quale forma vitale e condizione della forma, quale quella che fornisce il contenuto alla poesia, un sintomo della scissione di interno e di esterno, un segno della sostanziale diversità di io e mondo, dell'incongruenza di anima e fare. Ragion per cui, quei tempi beati non han filosofi; ovvero, il che viene a dire lo stesso, tutti gli uomini di siffatti tempi son filosofi, depositari dell'utopistico obiettivo d'ogni filosofia. Qual è infatti il compito della vera filosofia, se non la stesura di mappe che servano da prototipi? E quale il problema della localizzazione trascendentale, se non la definizione del rapporto tra ogni impulso rampollante dal più profondo dell'intimo e una forma, a quello sconosciuta, epperò fin dall'eternità attribuitagli, che lo ammanti, riscattandolo a simbolo? V'è poi la passione della via dalla ragione prestabilita che mena alla definizione dell'individualità, e nel vaneggiamento s'esprimono, interpretabili per quanto enigmatici, i segni di una potenza trascendente, altrimenti condannata al mutismo. Null'altra manifestazione d'interiorità si dà, ché non v'ha alcun'altra esteriorizzazione dell'anima. In quanto questa se ne va alla ventura e a essa è dedita, in tanto le è sconosciuto il vero tormento della ricerca e il concreto rischio della scoperta: mai mette in gioco se stessa, quest'anima; ancora, non sa che può perdersi, e mai le vien fatto di pensare che deve cercarsi. È questo, in ogni luogo del mondo, il tempo dell'Epos. Non già apatia ovvero sicurezza dell'esistere paludano, in questo stadio, uomini e gesta di contorni ilari e aspri (la componente insignificante e triste degli avvenimenti non è aumentata dall'inizio dei tempi, solo i canti di consolazione si fanno più sonanti

54

o più sommessi); a farlo, è quest'adeguatezza delle gesta alle esigenze interne dell'anima: bisogno di grandezza, di espansione, di totalità. Qualora l'anima non scorga ancora in sé abisso alcuno, che possa allettarla alla caduta ovvero costringerla ad inaccesse altezze: qualora la divinità che regge il mondo, spartendo a piacer suo gli ignoti doni del destino, si drizzi, incompresa ma insieme nota e attingibile, di fronte all'uomo, come il padre di fronte al figlioletto, allora ogni gesto è un adeguato panneggio dell'anima. Essere e destino, avventura e successo, vita ed essenza, sono allora concetti identici. Ché la domanda, per dare risposta alla quale sorge l'Epos, suona: come può la vita divenire ricca d'essenza? E l'inimitabilità, l'irraggiungibilità di Omero — e a rigor di termini solo i suoi poemi son davvero epici — consiste in ciò, che egli ha trovato la risposta prima che il cammino dello spirito nella storia rendesse esplicita la domanda.

Chi lo voglia, è qui che può affrontare il segreto della grecità: la sua completezza, inconcepibile dal nostro punto di vista, la sua insuperabile estraneità rispetto a noi: il greco conosce soltanto risposte, nessuna domanda; soltanto soluzioni (ancorché enigmatiche), nessun enigma; soltanto forme, non caos. Il greco traccia il cerchio della raffigurazione formale ancora al di qua del paradosso, e tutto ciò che, tradotto il paradosso in termini attuali, dovrebbe condurre alla piattezza, lo porta invece alla compiutezza. Sempre si confonde, allorché si parla dei Greci, filosofia della storia ed estetica, psicologia e metafisica, e alle loro forme si attribuisce un arbitrario rapporto con la nostra epoca. Le anime belle cercano gli attimi culminanti, caratteristici, sfuggenti e impalpabili, di una presunta serenità dietro queste maschere silenti, per sempre mute: dimenticando che il valore di questi attimi sta appunto nella loro fuggevolezza, e che la loro profondità e grandezza consistono in ciò da cui le suddette anime belle cercan rifugio presso i Greci. Spiriti più profondi, che cercano di cristallizzare il flusso del proprio sangue in purpureo acciaio, di fucinarlo a corazza, in modo che le loro ferite per sempre rimangano celate e il loro travestimento di eroi assurga a paradigma dei futuri, veri eroismi, e altri ne risvegli, istituiscono un paragone tra la friabilità della loro plasmazione e l'armonia greca, tra i dolori dai quali sono rampollate le loro forme, e supposte sofferenze placate dalla purezza greca. Costoro pretendono — testardamente e solipsisticamente elevando la completezza della forma a funzione dell'interna devastazione — di cogliere nelle figurazioni dei Greci una voce di angoscia, che tanto vince d'intensità la loro, quanto l'arte greca supera quella cui essi dan vita. In realtà, si ha qui a che fare con un totale travolgimento della topografia trascendentale dello spirito, di cui si può ben descrivere essenza e conseguenze, ed esporre e afferrare l'importanza metafisica, ma per la quale risulterà sempre impossibile trovare una psicologia altrettanto penetrante o anche solo comprensiva. Ché ogni comprendimento psicologico presuppone già una posizione definita delle località trascendentali, ed è effettivo solo nell'ambito di queste. Anziché preendere di addivenire alla comprensione della grecità per tali vie (ciò che, in fin dei conti, val quanto chiedersi, più o meno consciamente: come potremmo noi produrre forme simili? Ovvero: che faremmo, se avessimo a disposizione queste forme?), sarebbe assai più utile indagare la topografia trascendentale, sostanzialmente diversa dalla nostra, dello spirito greco, che queste forme ha reso possibili e anzi necessarie.

Dicevamo: il greco possiede le risposte prima delle domande. Anche questa affermazione va interpretata, non già in senso psicologico, bensì (e soprattutto) in senso trascendental-psicologico. Essa significa che, nell'ultimo rapporto strutturale, quello che condiziona tutte le esperienze e le plasmazioni, non sono dati soggetti qualitativi, e per conseguenza insostituibili, coordinati tra loro, e per giunta a priori, soltanto grazie allo slancio impartito da differenze, che risultano superabili, tra le località trascendentali; e che l'ascesa al sublime e la discesa all'insignificante è compiuta tramite l'adeguamento, e quindi, nel peggiore dei casi, lungo una scala graduale, ponderata, ricca di sfumature. L'atteggiamento dello spirito in questa sua patria è pertanto quello dell'accoglimento passivo-visionario di un senso finito e già presente. Il mondo del senso è tangibile e perspicuo, e si tratta solo di trovarvi il luogo adatto all'Unico. L'errore può consistere qui solo in un eccesso o un difetto, una mancanza di misura o di perspicacia. Il sapere non è altro, infatti, che un levare veli che fanno ombra; la creazione, un riprodurre entità visibili ed eterne; la virtù, una nozione esatta della stra-

da da seguire; e l'estraneità del senso deriva uni
camente dall'eccessiva distanza dal senso stesso
Si tratta di un mondo omogeneo, e anche la se
parazione di uomo e mondo, di io e tu, non giunge
ad alterare quest'uniformità. Come ogni altro
membro di questa ritmìa, l'anima sta nel pieno
del mondo; i confini, stabiliti dai suoi contorni
in sostanza non sono distinti dai contorni delle
cose: essa traccia linee nette e precise, ma non
scinde che relativamente: scevera solo in rapporto
e ai fini di un sistema, in sé omogeneo, di ade
guato equilibrio. Ché l'uomo non se ne sta solo
in veste di unico portatore della sostanzialità, a
centro di plasmazioni riflessive: i suoi rapporti
con gli altri e con le immagini che ne derivano
sono altrettanto sostanziali di quanto lo sia egli
e anzi più ancora ricolmi di sostanza, in quanto
più genericamente, «filosoficamente», prossimi
parenti della patria archetipa: amore, famiglia
stato. Il dovere è per lui soltanto un problema
pedagogico, un'espressione del non-essere-ancora
rimpatriati: il dovere, cioè, non ancora esprime
l'unico e inabolibile rapporto con la sostanza. E
nell'uomo stesso, non v'è neppure alcuna coazione
allo slancio: l'uomo è contaminato dalla distanza
che separa materia da sostanza, e deve purificar
sene avvicinandosi alla sostanza con voli imma
teriali; davanti a lui si stende una lunga strada
ma in lui non v'è abisso alcuno.

Siffatti confini necessariamente racchiudono u
mondo perfetto. Se anche al di là del cerchio, tra
ciato dalle costellazioni del senso astante attorn

l cosmo constatabile, si rendono avvertite potenze
minacciose e incomprensibili, esse tuttavia non riescono a sopprimere la presenza del senso: esse pos-
ono distruggere la vita, mai però sconcertare l'es-
ere; possono aduggiare di nere ombre il mondo
ormato, ma anche tali ombre finiscono per es-
ere integrate dalle forme, quali contrasti capaci
li accentuarle vieppiù. Il cerchio, nel quale i Greci conducono vita metafisica, è più ristretto del
nostro: ragion per cui mai potremmo trasferirci là
vivi; o, per meglio dire: il cerchio, che con la
sua conchiusione determina la particolare essenza
rascendentale della loro vita, per noi non è più
ale; in un mondo così serrato, non potremmo più
espirare. Abbiamo scoperto la produttività dello
pirito: ecco perché gli archetipi ai nostri occhi
nanno perduto, una volta per tutte, la loro ogget-
iva evidenza, e il nostro pensiero batte la strada
enza fine di un'approssimazione mai compiuta.
Abbiamo scoperto la raffigurazione: ragione per
cui, a tutto ciò che le nostre mani abbandonano
nella stanchezza o nella disperazione, manca sempre l'ultima definizione. Abbiamo trovato in noi
tessi, l'unica, vera sostanza: ragion per cui abbiamo dovuto scavare incolmabili abissi tra cono-
cere e fare, tra anima e immagini, tra io e mondo,
e spazzar via riflessivamente ogni sostanzialità po-
ta al di là dell'abisso; ragion per cui, ancora, la
nostra essenza ha dovuto per noi assurgere a postu-
ato, scavando tra noi e noi stessi un ancor più pro-
ondo e minaccioso abisso. Il nostro mondo è divenuto infinitamente grande, e in ogni suo angolo
più ricco di doni e di pericoli di quanto non fosse

il mondo greco: ma questa ricchezza non fa che mettere in risalto il senso basilare e positivo della vita dei Greci: la totalità. Ché totalità, in quanto premessa formativa di ogni singola manifestazione, significa che può venir compiuto alcunché di conchiuso: compiuto, dal momento che in quell'alcunché tutto accade, nulla ne è escluso e nulla accenna ad altro, superiore ed esterno; compiuto, dal momento che, in quell'alcunché, tutto matura a propria compiutezza e, conseguendo se stesso, si conforma al complesso. La totalità dell'essere è possibile solo laddove tutto già sia omogeneo, prima di esser avvolto dalle forme; laddove le forme non siano una violentazione, ma soltanto il divenir coscienza, il venire alla superficie di tutto ciò che finora ha sonnecchiato per entro l'informe - cui dar forma, quale oscura nostalgia; laddove il sapere sia virtù e la virtù felicità, laddove la bellezza dia evidenza al senso del mondo.

Quest'è il mondo dei filosofi greci. Ma è una nozione che prese piede, quando già la sostanza cominciava a impallidire. Se non si dà un'estetica greca nel senso vero del termine, poiché la metafisica ha preassorbito ogni indagine estetica, d'altro canto neppure si dà, per la Grecia, una vera e propria contraddizione tra storia e filosofia della storia: i Greci percorrono, nell'ambito della storia stessa, tutti gli stadî che corrispondono alle grandi forme *a priori;* la loro storia dell'arte è un'estetica metafisico-genetica, lo sviluppo della loro civiltà culturale è una filosofia della storia. In questo processo si compie la fuga della sostanza, dall'assoluta immanenza di Omero fin verso l'assoluta, ma tan gibile e constatabile, trascendenza di Platone; e gli stadî di questo processo, che chiaramente e nettamente si mettono tra loro in risalto (qui, il greco non conosce transizioni di sorta), e nei quali il senso del processo stesso si è calato come in eterni geroglifici, sono le grandi paradigmatiche forme atemporali della raffigurazione del mondo: Epos, Tragedia e Filosofia. Il mondo dell'Epos risponde alla domanda: come può la vita acquistare essenza? Ma alla domanda è possibile la risposta solo quando la sostanza da lontano ammicchi. Solo quando la tragedia abbia risposto, con le sue raffigurazioni, alla domanda: come può l'essenza acquistare vita?, è divenuto cosciente il fatto che la vita, qual essa è (e ogni dovere esalta la vita), ha perduto l'immanenza dell'essenza. Nel destino che plasma e nell'eroe, che creandosi trova se stesso, la pura essenza si desta a vita, la mera vita sprofonda nel non-essere al cospetto dell'unica vera verità dell'essenza; si è raggiunta un'altezza sensibile al di là della vita, traboccante di una ricca pienezza, al cospetto della quale la vita comune non può servire neppure da termine di contrasto. Neppure quest'esistenza dell'essenza è figlia della necessità, figlia del problema: la nascita di Pallade è il prototipo dello sviluppo delle forme greche. Come la verità dell'essenza, che si scarica, procacciando vita, nella vita, denuncia la perdita della propria immanenza vitale, così il fondamento problematico della tragedia diviene visibile e si fa problema solo nella filosofia: soltanto quando l'essenza, fattasi del tutto estranea alla vita, è assurta a verità trascendente e assolutamente unica, quando anche il destino della tragedia sia stato smascherato, dall'azione plasmatrice della filosofia, quale bruto e insensato arbitrio dell'empeiria e la passione dell'eroe quale terrenità, e il compiersi del destino quale limitatezza del soggetto casualmente interessato, vien fornita la risposta all'essere, che la tragedia dà non più in quanto mera evidenza concresciuta, bensì quale prodigio, quale un ponte snellamente e solidamente arcuantesi su abissi senza fondo. L'eroe della tragedia dà il cambio all'uomo vivente di Omero, e lo rischiara e trasfigura proprio in quanto gli toglie la face che stava spegnendosi e l'accende a nuova luce. E l'uomo nuovo di Platone, il saggio con la sua scienza attiva e la sua contemplazione creatrice di essenza, smaschera l'eroe, non solo, ma anche getta luce sull'oscuro pericolo da lui vinto, e lo illumina in quanto lo supera. Ma il saggio è l'ultimo tipo umano, il suo mondo l'ultima rappresentazione paradigmatica della vita, concessi allo spirito greco. La chiarificazione degli interrogativi, che condizionano e producono la visione platonica, non ha dato alcun altro frutto: il mondo si è grecizzato nel corso dei tempi, ma sempre meno greco s'è fatto, in questo senso, lo spirito greco; esso ha un'infinità di nuovi problemi (e soluzioni) ma il carattere particolarissimamente greco del τόπος νοητός è per sempre sparito. E la parola d'ordine dello spirito che fatalmente verrà, sarà: follia dei Greci!

Davvero, per i Greci, una follia! Il firmamento kantiano splende sempre più nell'oscura notte del puro conoscere e a nessuno dei solitarî viandant, — ed essere uomo nel nuovo mondo significa:

esser solo — illumina più il cammino. E la luce interiore soltanto al prossimo passo avanti conferisce l'evidenza della sicurezza — ovvero la sua apparenza. Dall'interno più non raggia luce alcuna sul mondo degli accadimenti e sulla loro aggrovigliata estraneità all'anima. E chi può sapere, dal momento che il soggetto ai suoi propri occhi è divenuto apparenza, oggetto, se la conformità di atto ed essenza del soggetto, unico segnavia che ancora sia rimasto, davvero colga l'essenza? Chi, dal momento che questa pretesa deve sorgere da un insondabile abisso, che si apre nel soggetto stesso? Dal momento, ancora, che solo quanto da tali ime cavernosità sorge è l'essenza, e nessuno mai potrà raggiungere il fondo ed esplorarlo? La verità visionaria del mondo a noi congruente, l'arte, è perciò divenuta autonoma: essa ha cessato dall'essere una copia, dal momento che tutti i prototipi sono sprofondati; ed essa è una totalità creatrice, ché la naturale unità delle sfere metafisiche è per sempre infranta.

Qui non può e non deve venir data alcuna filosofia della storia relativa alla metamorfosi intervenuta nella disposizione delle località trascendentali. Se, a questo punto, il nostro procedere innanzi (si tratti d'una scalata o d'uno sprofondare) è l'in sé della vicenda, ovvero furono altre le potenze che proscrissero gli déi della Grecia: ebbene, non è questo il luogo in cui trattarne. E neppure per accenni è lecito delineare l'intera via che mena alla nostra verità: la forza adescatrice ancora contenuta nella morta grecità, il cui luciferino e accecante splendore ha di continuo fatto perdere di vista le irrimediabili fratture del mondo, e sognar di unità nuove, ma contraddicenti alla nuova essenza del mondo, e di cui quindi di continuo si rinnova il crollo, ha indotto a sognare di unità. Così, della Chiesa si fece una nuova *polis;* del paradossale rapporto dell'anima smarrita in insanabili peccati con una salvezza assurda ancorché certa, si fece un quasi platonico riflesso del cielo nella realtà terrena; dello slancio, la scala delle terrene e celesti gerarchie. E in Giotto e in Dante, in Wolframio e in Pisano, in Tomaso e in Francesco, il mondo ridivenne perfetto, perspicuo, ridivenne totalità: l'abisso perdette la pericolosità delle effettive profondità, e il suo tenebrore fu tutto intero — senza che per questo ci scapitasse affatto la forza nerolucente — trasformato in pura superficie, e s'integrò così spontaneamente in una conchiusa unità cromatica; l'invocazione al riscatto divenne una dissonanza nell'ambito del sistema perfettamente ritmico del mondo e rese possibile un equilibrio nuovo, sì, ma non meno colorito e perfetto di quello greco: l'equilibrio delle tonalità contrastanti, eterogenee. L'incomprensibile e l'eternamente inattingibile del mondo riscattato veniva così a essere avvicinato, posto a distanza visibile. Il giudizio finale divenne astante, anzi mero componente dell'armonia delle sfere, pensata già come attuata; la sua vera essenza, che metamorfosa il mondo in filottetica ferita, la cui guarigione è riserbata ai paracleti, dovette esser messa nel dimenticatoio Ne è sorta una nuova, paradossale grecità: l'estetica è ridiventata metafisica.

Per la prima, ma anche per l'ultima volta. Distrutta infatti quell'unità, non si dà più alcuna spontanea totalità dell'essere. Le fonti, le cui acque hanno dissolto l'antica unità, sono, è vero, esaurite, ma gli alvei senza speranza asciutti hanno per sempre inciso e deturpato il volto del mondo. Ogni rinascita della grecità è ormai una più o meno conscia ipostasi dell'estetica con l'unica Metafisica: un violentare e un voler distruggere l'essenza di tutto ciò che non rientra nell'ambito dell'arte, un tentativo di dimenticare che l'arte è soltanto una delle tante sfere, e che la dissoluzione e l'insufficienza del mondo sono le premesse all'esistenza e al divenir coscienza dell'arte stessa. Quest'ipertensione della sostanzialità dell'arte, è destinata però a sovraccaricare e sopraggravare anche le sue forme: le quali devono produrre, tutto da sole, ciò che un tempo era semplicemente una riconosciuta concessione; le forme dunque devono, prima che la loro propria, aprioristica funzione possa avere inizio, produrre le condizioni della funzione stessa, l'oggetto e il mondo circostante l'oggetto. Una totalità che soltanto concresca, non è più possibile per le forme: di conseguenza, esse devono restringere o nullificare ciò che va raffigurato, al punto che possano farsene portatrici, ovvero che ne nasca per esse l'obbligo di dimostrare polemicamente l'inattuabilità del loro necessario oggetto e l'intima nullità dell'unico possibile, per modo che la frammentarietà della costruzione del mondo sia introdotta pure nel mondo delle forme.

2

La metamorfosi subita dai punti d'orientazione trascendentali, sottopone le forme artistiche a una dialettica storico-filosofica, la quale però deve svolgersi secondo l'aprioristico luogo d'origine dei singoli generi formali. Può accadere che la metamorfosi interessi solo l'oggetto e le condizioni della sua raffigurazione, lasciando intatto il rapporto ultimo tra la forma e la giustificazione trascendentale della sua esistenza; si determinano allora mere variazioni formali che, se si distinguono tra loro in ogni particolare tecnico, d'altra parte non sovvertono affatto il principio primo della raffigurazione. È anche possibile che il mutamento si attui nell'onnideterminante *principium stilisationis* del genere, e renda quindi necessario che allo stesso *Kunstwollen* («volere artistico») — storico-filosoficamente condizionato — corrispondano diverse forme artistiche. Non si tratta affatto di una trasformazione del sentimento artistico, capace di produrre nuovi generi; forme simili sono comparse già nel corso dello sviluppo greco, ad esempio allorché la problematizzazione di eroe e destino ha dato vita al dramma, nient'affatto tragico, di Euripide: dove domina una corrispondenza totale, tra, da un lato, l'aprioristica necessità e il metafisico dolore del soggetto, che spingono al creare, e dall'altro il prestabilito, eterno luogo deputato della forma, destinato ad accogliere la raffigurazione una volta compiuta. Ma il principio creatore di generi, cui qui si accenna, non prescrive alcun mutamento di sentimento: esso anzi necessita dello stesso sentimento, per potersi rivolgere a un obiettivo nuovo essenzialmente diverso dal precedente. Ciò viene a significare che anche l'antico parallelismo tra la struttura trascendentale nel soggetto raffigurante e le forme prodotte nel mondo esteriorizzato, è infranto, e che gli ultimi fondamenti della raffigurazione non hanno più una patria.

Il romanticismo tedesco ha posto in stretta relazione il concetto di romanzo con quello di romantico, pur non rischiarandolo fino in fondo. Ciò con pieno diritto, dal momento che la forma del romanzo è, come nessun'altra, espressione dell'erraticità trascendentale. Il coincidere di storia e filosofia della storia ha avuto, come conseguenza, per la Grecia, che ogni genere artistico è nato soltanto allorché sulla meridiana dello spirito si poté leggere che ne era giunta appunto l'ora, e d'altra parte ognuno dei generi stessi dovette sparire, non appena cessarono di levarsi all'orizzonte gli archetipi del suo essere. Per il periodo post-greco, siffatta periodicità filosofica è andata perduta: in un inestricabile groviglio, i generi vi si intrecciano quali segni della ricerca, più o meno autentica, di un obiettivo non più perspicuo, univocamente dato; il loro sommarsi dà per risultato null'altro che una totalità storico-empirica, nel cui ambito è, sì, lecito cercare, per le singole forme, le condizioni empiriche (sociologiche) delle possibilità che esse hanno di sorgere, ma in cui più non accade che il senso storico-filosofico della periodicità si concentri nei generi divenuti simbolici e, ancora, esso può essere più facilmente decifrato e interpretato a partire dai totali dell'epoca, che non reperito in questi. Ma mentre nelle minime frazioni della correlatività l'immanenza vitale del senso ineluttabilmente è destinata a sparire, l'essenza lontana dalla vita e alla vita estranea può coronarsi della propria esistenza in siffatto modo, che questa consacrazione perfino dai maggiori sconquassi sarà tutt'al più velata, non mai cancellata completamente. Perciò la tragedia, sia pure trasformandosi, ha conservato intatta la propria essenza nel tempo nostro, laddove l'epopea ha dovuto sparire e lasciare il posto a una forma tutta nuova, il romanzo.

Certo, la completa trasformazione subita dal concetto di vita e dal suo rapporto con l'essenza, ha indotto mutamenti anche nella tragedia. È alquanto diverso, infatti, se l'immanenza vitale del senso s'eclissa con catastrofica evidenza e lascia in retaggio all'essenza un mondo puro, da nulla turbato, ovvero se questa immanenza, quasi per un progressivo incantesimo, vien bandita dal cosmo; se la nostalgia per la sua riapparizione permane viva, inappagata, senza conoscere l'illimitata disperazione; se ciò che si è perduto lo si deve percepire in ognuno dei fenomeni, fattisi ora così poco duttili e tanto confusi, attendendo con ansia la parola magica;

se quindi all'essenza non è lecito erigere un palcoscenico tragico con i tronchi abbattuti della fore-
sta della vita, e non le resta invece che o in un in-
cendio risvegliare a breve esistenza di fiamma i
morti resti di una vita consunta, ovvero brusca-
mente voltar le spalle in segno di diniego all'intero
caos, per cercar rifugio in un'astratta sfera della
purissima essenza. È il rapporto tra l'essenza e
una vita in sé e per sé non drammatica a rendere
inevitabile la duplicità stilistica della nuova tragedia, i cui poli sono Shakespeare e Alfieri. La tragedia greca era situata oltre il dilemma: attinenza
alla vita ovvero astrazione, e ciò perché, per essa
tragedia, la pienezza non implicava un problema
dell'accostamento alla vita, la trasparenza del dialogo non costituiva un impedimento alla sua immediatezza. Quale che sia il caso o la necessità che
ha dato origine al coro, il significato artistico di
esso consiste nel condurre a vita e a pienezza l'essenza, in un aldilà di ogni vita. Esso poté pertanto
costituire uno sfondo che in quanto tale svolge
semplicemente funzione connettiva, come gli spazi
marmorei tra le figure dei bassorilievi, ma che d'altra parte è pieno di movimento e può acconciarsi
a tutte le apparenti nutazioni di un'azione scenica non certo nata da uno schema astratto, e tali
oscillazioni assimilarsele e ridarle al dramma, dopo averle arricchite del proprio. Il coro può far
risuonare in aperte parole il senso lirico dell'intero dramma; può, senza per questo afflosciarsi su
se stesso, riunire in sé tanto le umili voci, richieste dall'antagonismo tragico dell'umana ragione,
quanto l'alta metarazionalità del destino. Interlo-

cutore e coro vengono alla tragedia greca dallo stesso fondamento essenziale, sono del tutto omogenei tra loro e pertanto possono, senza per questo far crollare la costruzione drammatica, compiere funzioni perfettamente distinte; nel coro può accalcarsi l'intero lirismo della situazione e del fato, lasciando all'attore le parole onniespressive e i gesti onnicapienti della spogliata dialettica tragica; e tuttavia essi verranno ad essere disgiunti solo tramite lievi sfumature. A nessuno dei due — coro e attore — s'appartiene in proprio, sia pure come remota possibilità, il pericolo di una vicinanza alla vita, capace di far saltare la forma drammatica: per cui entrambi possono aprirsi a una pienezza nient'affatto schematica, e tuttavia aprioristicamente disegnata.

Dal nuovo dramma, la vita non è scomparsa organicamente: tutt'al più ne può essere bandita. Ma il decretato esilio, che i classicisti mandano ad effetto, implica il riconoscimento non solo dell'essere, bensì anche della potenza di ciò che al bando vien messo: che è presente in ogni parola e in ogni gesto, disperatamente tesi, a gara, nello sforzo di mantenersi a un'immacolata distanza; che è ciò che guida, invisibile ed ironico, il nudo e programmatico rigore della costruzione frutto di astratto apriorismo: che rende conciso o aggrovigliato, evidente o astruso. La nuova tragedia, la vita la consuma; pone i suoi eroi sulla scena in veste di uomini viventi, nel mezzo di una massa semplicemente vitale: e, attraverso lo scompiglio di un'azione gravata dal peso della vita deve, un po' alla volta, risplendere di chiarezza il fato: che mediante il proprio fuoco, deve ridurre in cenere tutto ciò che è meramente umano, per modo che la vita insignificante del semplice uomo si dissolva nel nulla, e invece ardano a tragica passione gli affetti degli eroici, convertendoli in eroi senza scorie. Ne consegue che polemico e problematico s'è fatto l'eroismo: essere eroe non è più la naturale forma esistenziale della sfera dell'essenza, bensì un sollevarsi al di sopra del meramente umano come della massa e, ancora, dei propri istinti. Il problema gerarchico di vita ed essenza, che per il dramma greco era un apriori formante, e pertanto non divenne mai oggetto di raffigurazione, viene a essere coinvolto esso stesso nel processo tragico; ed esso scinde il dramma in due metà del tutto eterogenee tra loro, unite l'una all'altra solo dal loro mutuo negarsi ed escludersi: polemicamente, dunque e — minacciando i fondamenti stessi di siffatto dramma — intellettualisticamente. E l'ampiezza, resa pertanto indispensabile, dei fondamenti stessi, e la lunghezza della via, che l'eroe deve percorrere dentro il proprio animo per potersi ritrovare in veste di eroe, contraddicono alla snellezza della costruzione drammatica, che la forma esige, e l'avvicinano alle forme dell'Epos: esattamente come l'accentuazione polemica dell'eroismo (anche nella tragedia astratta) ha, come necessaria conseguenza, il soffocamento del lirismo puramente lirico.

Tale lirismo ha però anche un'altra fonte, del pari promossa dall'alterazione del rapporto vita-essenza. Per i Greci, il crollo della vita come veicolo del senso, ha trasposto in un'altra atmosfera, non però distrutto, la mutua vicinanza e parentela degli uomini: ogni figura che qui si manifesti è non pertanto sempre alla stessa distanza dall'onniabbracciante, l'essenza, ed è quindi apparentata, nelle sue più profonde radici, ad ogni altra figura; e le figure tutte a vicenda si comprendono, ché tutte parlano la stessa lingua, e s'affidano l'una all'altra, sia pure come tra nemici mortali, ché tutte tendono allo stesso modo verso lo stesso centro e si muovono allo stesso livello di un'esistenza intimamente uguale quanto a essenza. Quando però quest'ultima, come accade nel nuovo dramma, riesca a manifestarsi e ad affermarsi solo dopo uno scontro di carattere gerarchico con la vita, quando ogni figura comporti, premessa alla sua esistenza ovvero elemento motore del suo essere, questa tenzone, è chiaro che ognuna delle *dramatis personae* dovrà essere legata solo da un filo personale al destino che le si prepara; è chiaro che ognuna dovrà provenire dall'isolamento e affrettarsi, in insanabile solitudine, frammezzo agli altri solitarî, verso l'ultima, tragica solitudine; è chiaro che le parole tragiche dovranno, tutte, risonar nel vuoto dell'incomprensione, e che nessun atto tragico potrà trovare adeguata risonanza e rispondenza. La solitudine è però alquanto paradossale dal punto di vista drammatico: essa è il proprio del tragico, perché l'anima che il destino costringe a ripiegarsi su se stessa, può avere fratelli celesti, mai compagni di viaggio. Epperò, la forma di espressione drammatica — il dialogo — presuppone un'elevata comunanza di questi solitari, onde poter rimanere plurivocale, vale a dire davvero dialogica, davvero drammatica. La lingua dell'assolutamente solo è lirica, è monologica, mentre nel dialogo si manifesta con eccessivo vigore l'incognito della sua anima, e invade e sovraccarica l'univocità e la pertinenza di domanda e risposta. E questa solitudine è più profonda di quella richiesta dalla forma tragica, dal rapporto col fato (e nella quale sono vissuti anche gli eroi greci): essa deve diventare il proprio problema e prendere il posto, approfondendolo e aggrovigliandolo, del problema tragico. Questa solitudine non è soltanto l'ebbrezza dell'anima preda del fato, fattasi canto: è anche il tormento della creatura condannata alla solitudine, e che agogna alla comunanza; questa solitudine procrea nuovi problemi tragici, il problema proprio della nuova tragedia: il problema della fiducia. L'anima, ammantellata di vita ma ricolma di essenza, del nuovo eroe, non riuscirà mai ad afferrare che non è prescritto che sotto lo stesso mantello vitale coabiti la stessa essenzialità; essa sa di un'eguaglianza di tutti coloro che si son trovati e non riesce a capire che questa loro nozione non rampolla da questo mondo, che l'intima indubitabilità di tale nozione non può costituire garanzia a che essa nozione sia costitutiva del mondo stesso; sa dell'idea del suo Sé, idea che, muovendola, in lei vive, ma deve anche concluderne che l'umano pigia pigia della vita che la circonda, null'altro è se non una confusa farsa carnevalesca, nel corso della quale, alla prima parola che esca dall'essenza, cadono le maschere, e sconosciuti fratelli devono abbracciarsi a vicenda. L'anima del nuovo eroe lo sa, e trova se stessa, sola, nel destino.

E l'estasi dell'essersi trovata è intrisa della tristezza della strada che ve l'ha condotta: la delusione per la vita, rivelatasi essere neppure una caricatura di ciò che la sua sapienza del fato le ha notificato con così penetrante chiarezza, e la cui fede le ha dato la forza di imboccare da sola, nell'oscurità, la strada. Questa solitudine non è solo drammatica, bensì anche psicologica, dal momento che essa è non soltanto l'apriori di tutte le *dramatis personae,* bensì anche l'esperienza degli uomini nel loro divenire eroi; e se la psicologia del dramma non vuole rimanere allo stato di non elaborata materia prima, essa non potrà che esprimersi quale lirismo dell'anima.

La grande epica raffigura la totalità estensiva della vita; il dramma, la totalità intensiva dell'essenzialità. Per cui il dramma, qualora l'essere abbia perduto la totalità autoperfezionantesi e sensibilmente presente, può pur sempre trovare nel proprio apriorismo formale un mondo, forse problematico, e ciononostante onnicapiente e autoconclusivo. Per la grande epica, ciò è impossibile; per la grande epica, ogni singolo dato del mondo è un principio ultimo, essa è empirica nel suo trascendentale fondamento determinativo e onnicondizionante; può a volte affrettare la vita, può condurre il celato o l'atrofico a un fine utopico a esso immanente, ma mai potrà dominare formalmente estensione e profondità, perfezionamento e allegorizzazione, ricchezza e ordinamento della vita storicamente data. Ogni tentativo di epica veramente utopica dovrà fallire, perché per riuscirvi l'epica stessa dovrebbe superare, soggettivamente od oggettivamente, l'empeiria e quindi trascendere nel lirico o nel drammatico: e simile trascendenza non potrà mai farsi apportatrice di frutti per l'epica. Forse si son dati tempi — certe favole trattengono frammenti di tali mondi spariti —, in cui ciò che ora è conseguibile solo utopicamente, era presente in visionaria percettibilità; e gli epici di tali tempi non avevano dovuto abbandonare l'empeiria, per rappresentare, come unica reale, la verità trascendente; sì, essi potevano essere semplici narratori di avvenimenti, così come i creatori dei divini esseri alati assiri si ritenevano di certo — e a buon diritto — dei naturalisti. Ma già per Omero il trascendente è indissolubilmente connesso all'esistenza terrena, e la sua inimitabilità riposa appunto sulla riuscita senza residui di tale immanentizzarsi.

Quest'indistruttibile legame con l'essere e il modo d'essere della realtà, la frontiera decisiva tra epica e drammatica, è una conseguenza necessaria dell'oggetto dell'epica: la vita. Mentre il concetto di essenza conduce alla trascendenza già con la sua semplice formulazione, ma ivi si cristallizza in un essere nuovo e superiore e così, mediante la propria forma, esprime un dover essere che, nella propria realtà figlia della forma, permane indipendente rispetto al mero ente, il concetto di vita esclude una simile oggettività della trascendenza colta e rappresa. I mondi dell'essenza sono, grazie alla forza delle forme, estesi al di là dell'esistenza, e la loro qualità, al pari del loro contenuto, è condizionata soltanto dalle interne possibilità di tale forza. I mondi della vita invece si fermano quaggiù, dalle forme sono soltanto assunti e foggiati, soltanto ricondotti al loro senso innato. E le forme, cui qui è lecito svolgere soltanto il ruolo di Socrate nella nascita delle idee, non potranno mai, di proprio, evocare nella vita alcunché che già non vi si trovi. L'elemento che dà vita al dramma — e non è, questo, che un diverso modo di esprimere la stessa relazione — è l'intelligibile Io dell'uomo: l'elemento che dà vita all'epica è l'Io empirico. Il dovere, nella cui disperata intensità trova rifugio l'essenza divenuta, sulla terra, una proscritta, può obiettivarsi nell'Io intelligibile quale psicologia normativa dell'eroe, mentre nell'Io empirico rimane qual è, dovere. La sua forza è meramente psicologica, congenere degli altri elementi dell'anima; il suo imbercio è di carattere empirico, congenere delle altre tendenze rese possibili dall'uomo o dal mondo che lo circonda; i suoi contenuti sono di carattere storico, congeneri degli altri, indotti dal corso dei tempi, e non è possibile svellerli dal terreno da cui sono cresciuti: possono avvizzire, ma mai ridestarsi a nuova eterea esistenza. Il dovere uccide la vita, e se l'eroe drammatico si cinge dei simbolici attributi dell'apparenza sensibile della vita, è solo per poter compiere sensibilmente la cerimonia simbolica del morire in quanto farsi visibile della sua trascendenza; invece gli uomini dell'epica devono vivere, altrimenti mandano a pezzi o fanno imbozzacchire l'elemento che li regge, li ricinge e li ricolma. (Il dovere uccide la vita, e ogni concetto esprime un dovere dell'oggetto: ragion per cui mai il pensiero può pervenire a una vera definizione della vita, e per questo, forse, la filosofia dell'arte è assai più adeguata alla tragedia che all'epica). Il dovere uccide la vita, e un eroe dell'epopea, costruito a partire dal dover essere, sarà sempre e soltanto un'ombra dell'uomo vivente nella realtà storica: la sua ombra, non mai il suo archetipo, e il mondo che gli è offerto come esperienza e avventura, null'altro che uno stemperato abbozzo del reale, mai il nocciolo e l'essenza del reale. L'utopistica stilizzazione dell'epica può creare solo distanze, le quali però continuano a esser quelle tra empeiria ed empeiria, e la lontananza e la tristezza del distacco, per alte che siano, non fanno che metamorfosare il tono in retorico e possono, sì, produrre i frutti più belli di un lirismo elegiaco, ma dalla mera istituzione delle distanze mai potrà essere evocato a vita effettiva e ad autonoma realtà un contenuto eccedente l'essere. Il fatto che questa distanza accenni a un avanti o a un indietro, che designi una ascesa o una discesa rispetto alla vita, non sarà mai il prodotto d'una nuova realtà, bensì sempre e soltanto il riflesso soggettivo della realtà già presente. Gli eroi virgiliani vivono una fredda e limitata esistenza da ombre, nutrita col sangue di un nobile zelo, che si è sacrificato allo scopo di evocare ciò che per sempre è scomparso; e la monumentalità zoliana non è che un monotono esser preda della commozione al cospetto della composita, e tuttavia cospicua, ramificazione di un sistema di categorie sociologiche, che pretende di comprendere in sé l'intera vita del suo presente.

V'ha una grande epica, ma il dramma non ha mai bisogno di quest'attributo, e deve accontentarsi di quel che già ha. Ché il cosmo del dramma, autocolmato di sostanza e dalla sostanzialità reso perfetto, non conosce alcun contrasto tra tutto e ritaglio, alcuna contrapposizione di caso e sintomo: per il dramma, esistere significa essere cosmo, significa comprensione dell'essenza, possesso della propria totalità. In una col concetto di vita, tuttavia, non è posta la necessità della sua totalità: il concetto sottintende infatti anche la relativa indipendenza di ogni essenza vitale in sé autonoma, rispetto a ogni legame che rimandi a un al di là, e insieme l'altrettanto relativa inevitabilità e indispensabilità di siffatti legami. Per cui si possono dare forme epiche, il cui oggetto sia, non già la totalità della vita, bensì un ritaglio, un frammento dell'esistenza capace di vita autonoma. Ne consegue però anche che quello di totalità non è affatto, per l'epica, un concetto nato dalle forme generanti, non è affatto trascendentale, come invece nel dramma, ma è un concetto empirico-metafisico, in sé indissolubilmente connesso alla trascendenza e immanenza. Ciò perché soggetto ed oggetto nell'epica non coincidono, come invece avviene nel dramma, dove la soggettività formante — vista nella prospettiva dell'opera — non è che un concetto-limite, una sorta di coscienza, ma sono chiaramente e perspicuamente presenti nell'opera e insieme l'un dall'altro distinti; e poiché dall'empiricità dell'oggetto, imposta dalla forma, consegue un soggetto empirico e formante, questo non potrà mai costituire il fondamento e la malleveria del mondo esteriorizzato. La totalità può derivare con concreta evidenza soltanto dall'interiorità dell'oggetto: essa è metasoggettiva e trascendente, è una grazia e una rivelazione. Il soggetto dell'epica è sempre l'uomo empirico della vita, ma il suo orgoglio creativo, dominatore della vita, si tramuta nella grande epica in umiltà, in contemplazione, in stupore di fronte al senso splendente di chiara luce, che così inaspettatamente e con tale evidenza si è manifestato nella vita a lui, il semplice uomo dell'esistenza comune.

Il soggetto delle forme epiche minori si contrappone al proprio oggetto, con maggior capacità di dominio e di sovranità. Ma che il narratore — e in tal caso non può e non deve esser dato alcun sistema delle forme epiche, neppure per accenni — contempli pure con freddo e meditato atteggiamento da cronista lo straordinario attuarsi del caso, che scompiglia le sorti degli uomini, per i personaggi insensatamente e distruttivamente, per noi spettatori scoprendo abissi, e dilettevolmente; che il narratore commossamente elevi a unica verità un angolino del mondo, quale un giardino fiorito e ordinato nel pieno dello sconfinato e caotico deserto della vita; che faccia coagulare, impressionato e attratto, la singolare e profonda esperienza mondana d'un uomo in un destino nettamente delineato e obiettivizzato: sarà sempre la sua soggettività, quella che strappa un frammento all'incommensurabile infinità del procedere del mondo; sarà sempre la sua soggettività a prestargli una vita autonoma e a far risplendere nel mondo dell'opera il tutto, dal quale la vita in questione fu ritagliata, semplicemente quale percezione e pensiero dei personaggi raffigurati, quale automatica elaborazione di nessi causali a sé stanti, quale riflesso di una realtà in sé esistente. Il perfezionamento di queste forme epiche è quindi di carattere soggettivo: un frammento di vita viene, dal poeta, trasposto in un mondo esterno che quelle forme mette in rilievo, che le accentua e le fa spiccare dal tutto vitale; e scelta e delimitazione conservano, nell'opera, lo stampo della loro origine dalla volontà e dal sapere del soggetto: e hanno natura che, più o meno, è lirica. La relatività di autonomia e onnicollegazza dell'essenza della vita e dei rispettivi e altrettanto viventi accoppiamenti, può essere sollevata, elevata a forma, qualora una cosciente presa di posizione del soggetto creatore dell'opera metta in evidenza un senso immanentemente pregnante nell'ambito dell'esistenza isolata, appunto, di questo frammento di vita. L'attività formante del soggetto, che presiede alla raffigurazione e alla delimitazione, questa sovranità nel dominio e nella creazione dell'oggetto, rappresenta il lirismo delle forme epiche prive di totalità. È tale lirismo a costituire, qui, l'estrema unità; ed esso non è l'avvoltolarsi di un Io ridotto all'isolamento nell'oggettiva, libera contemplazione di se stesso, non è affatto la dissoluzione dell'oggetto in sensazioni e stati d'animo, ma, normativamente nato e creatore di forme, è in esso che si contiene l'esistenza di ogni raffigurazione. Tuttavia, di pari passo con l'importanza e il peso del frammento di vita, deve crescere in vigore anche il diretto sgorgare di tale lirismo; l'equilibrio dell'opera è quello tra soggetto che la compone e oggetto da quello esteriorizzato ed elevato. Nella forma dell'isolata straordinarietà e problematicità della vita, nella novella, tale lirismo deve ancora tenersi del tutto celato dietro i duri lineamenti del singolo accadimento isolato a colpi di scalpello: il lirismo è qui ancora pura scelta: il clamoroso arbitrio del caso, che benefica o distrugge, ma che comunque sprofonda nell'immotivato, può essere bilanciato solo dalla comprensione chiara, senza commenti, puramente artistica; il senso ultimo di ogni plasmazione artistica è da essa esternato come *Stimmung*, stato d'animo, come significato contenutistico della raffigurazione, ancorchè, e appunto perciò, astrattamente. In quanto l'assurdità venga contemplata nella sua nudità non velata, non orpellata, in quanto la potenza esorcizzante di questo sguardo intrepido e disperato conferisca il crisma della forma: l'assurdità assurge, in quanto tale, a raffigurazione: è divenuta eterna, confermata dalla forma, elevata e redenta. Tra la novella e le forme lirico-epiche, non c'è che un passo. Non appena ciò che dalla forma è elevato a significato, tenendo conto anche del suo contenuto, sia divenuto pregnante, sia pure in senso relativo, il soggetto fattosi muto deve risonare delle proprie parole, che gettano un ponte verso l'assoluto, a partire dal senso relativo dell'avvenimento raffigurato. Nell'idillio tale lirismo si confonde, ancora quasi completamente, coi lineamenti degli uomini e delle cose; ma è ben esso che conferisce a questi lineamenti la morbidezza e l'ariosità dei pacifici isolamenti, dei beati distacchi dalle tempeste che fuori soffiano impetuose. Solo laddove l'idillio trascenda a epopea, come nei « grandi idillî » di Goethe e

Hebbel: laddove il totale della vita con tutti i suoi pericoli, ancorchè attenuati e ammansiti dalla lontananza, intervenga direttamente negli avvenimenti, solo in tal caso, dunque, dovrà risonare la voce stessa del poeta e la sua mano introdurre le sanicanti distanze; con ciò, né la vittoriosa felicità dei suoi eroi si trasformerà nell'indegno appagamento di coloro i quali vilmente si rifiutano all'eccessiva vicinanza e presenza di una calamità non già domata, bensì individualmente evitata, né i pericoli e il fremito della totalità vitale, che, causa quelli, diverranno pallidi schemi, riducendo a futile farsa il tripudio della salvezza. E tale lirismo diventa un chiaro fiume di onniespressività, qualora l'accadimento divenga, nella sua obbiettivata oggettività, il portatore e il simbolo di un sentimento infinito; qualora un'anima sia l'eroe, e la sua nostalgia l'azione scenica — *Chantefable,* ebbi a definire questa forma a suo tempo, parlando di Charles-Louis Philippe —; qualora l'oggetto, l'avvenimento raffigurato, rimanga e debba rimanere alquanto isolato, ma nell'esperienza in cui si integra e da cui raggia l'avvenimento, sia depositato il senso ultimo della vita intera, la potenza del poeta che impartisce il senso e soggioga la vita. Anche questa potenza, però, è d'ordine lirico: è tutt'uno con la personalità del poeta, la quale proclama con conscia sovranità l'interpretazione del senso del mondo — usando degli avvenimenti come di strumenti —, senza tuttavia rubare a essi, che ne sono i guardiani, il significato della parola segreta; a essere raffigurata non è la totalità della vita, bensì il rapporto, l'atteggiamento di accettazione o di rifiuto, nei confronti della totalità della vita, da parte del poeta che, in quanto soggetto empirico, in tutta la sua grandezza, ma anche nella sua umanissima limitatezza, occupa il proscenio della raffigurazione.

E neppure la distruzione dell'oggetto da parte del soggetto divenuto unico signore e padrone dell'essere, può far scaturire da sé una totalità della vita che, conformemente al proprio concetto, è estensiva: per quanto alto il soggetto si libri al di sopra dei propri oggetti, saranno sempre e soltanto singoli oggetti, quelli che egli per tal modo acquisirà come suo sovrano possesso, e una somma del genere mai potrà avere per risultato un'effettiva totalità. Ché anche questo soggetto, esaltato e messo di buon umore, resta pur sempre empirico, e la sua raffigurazione una presa di posizione nei confronti dei suoi oggetti, che tuttavia gli sono per propria essenza congeneri, e il cerchio, che egli traccia attorno a ciò che come mondo ha sceverato e plasmato, descrive soltanto i confini del soggetto, e nient'affatto quelli di un cosmo in qualche modo in sé completo. L'anima dell'umorista ha sete di una sostanzialità più genuina di quella che potrebbe offrirgli la vita; di conseguenza, l'umorista fa a pezzi tutte le forme e frontiere della fragile totalità della vita, allo scopo di pervenire all'unica vera fonte della vita, al puro Io dominatore del mondo. Ma, nel fare a pezzi il mondo obiettivo, anche il soggetto si è ridotto a frammento; solo l'Io è rimasto essente, benché anche la sua esistenza si disperda nell'insostanzialità del mondo autofrantumatosi. Tale soggettività pretende di tutto raffigurare e può, proprio per questo, riflettere null'altro che un ritaglio.

Tale il paradosso della soggettività della grande epica, il suo « più butti e più guadagni »: ogni soggettività creatrice si fa lirica e soltanto quella che meramente accetta, che in tutta umiltà si cangia in puro organo dell'accoglimento del mondo, può partecipare della grazia: la rivelazione del tutto. È il balzo dalla *Vita nova* alla *Divina Commedia*, dal *Werther* al *Wilhelm Meister*, è il balzo che Cervantes ha compiuto quando, facendo restar di sasso se stesso, poté dar voce all'umorismo universale del *Don Chisciotte*, mentre le magnifiche alte voci di Stern e di Jean Paul offrono null'altro che i riflessi soggettivi di un frammento meramente soggettivo, e quindi limitato, ristretto e arbitrario, del mondo. Ma questo non vuol essere un giudizio di valore, bensì un apriori inteso a definire un genere: la totalità della vita rifiuta la determinazione, in essa, di un punto focale e non tollera che una delle sue cellule si attribuisca signoria sul complesso. Solo qualora un soggetto, accuratamente separato da ogni e qualsiasi vita e dall'empeiria necessariamente in questa implicita, troneggi sulla pura sommità dell'essenzialità: solo qualora egli null'altro più sia, se non il portatore della sintesi trascendentale, potrà accogliere nella propria struttura tutte le condizioni della totalità e fare dei propri limiti i limiti del mondo. Un soggetto del genere non può però manifestarsi nell'epica: l'epica è vita, immanenza, empeiria; e il « Paradiso » dantesco è parente più prossimo dell'essenza della vita, che non la turgida pienezza di Shakespeare.

La sintetica potenza della sfera dell'essenza si addensa nella totalità costruttiva del problema drammatico: ciò che, muovendo dal problema stesso, risulta necessario, sia esso anima o avvenimento, acquista in essere traendo dai suoi rapporti con il centro; la dialettica immanente di questa unità presta a ogni singolo fenomeno l'essere che — a seconda della distanza dal centro e del peso rispetto al problema — gli compete. Il problema è qui inesprimibile, dal momento che esso coincide con l'idea concreta del tutto, e perché soltanto la consonanza di tutte le voci è in grado di accrescere la ricchezza del contenuto, che vi si cela. Per la vita, tuttavia, il problema è una astrazione; il rapporto di una raffigurazione con un problema mai potrà assumersi l'intera pienezza di vita di quella, e ogni avvenimento della sfera vitale deve condursi allegoricamente rispetto al problema. Ben può la grande arte di Goethe in quelle *Affinità elettive* che Hebbel a ragione definiva « drammatiche », ombreggiare e dosare tutto in rapporto al problema centrale, ma neppure le anime, fin dal principio convogliate per gli stretti canali del problema, riescono a vivere d'una vera esistenza; neppure l'azione rigidamente adeguata al problema riesce a plasmarsi a totalità; e, anche per riempire i leggiadri e angusti ricettacoli di questo piccolo mondo, il poeta si trova costretto a introdurvi elementi estranei, e anche qualora ciò gli fosse riuscito con la stessa perfezione di certi momenti, i più esterni, dell'arrangiamento, non potrebbe dare alcuna totalità. E la concentrazione «drammatica» del *Niebelungenlied* è un felice errore di Hebbel, commesso *pro domo* : è il disperato sforzo di un grande poeta, volto a salvare l'unità epica, crollante in un mondo mutato, di una materia effettivamente epica. La figura sovrumana di Brunilde è già ridotta a miscuglio di donna e valchiria, a sua volta sminuendo il fiacco pretendente Gunther a precaria instabilità, e la figura del cavaliere ha mutato soltanto alcuni singoli motivi favolistici dell'uccisor di draghi Sigfrido. La salvezza è qui costituita dal problema di fedeltà e vendetta, il problema di Hagen e Crimilde. Ma si tratta di un tentativo disperato, meramente artistico : tentativo di ristabilire, coi mezzi della composizione, costruendo e organizzando, un'entità che non è più data organicamente. Un tentativo disperato e un eroico fallimento : ché può, sì, esser mandata a effetto un'unità, non però mai un'effettiva totalità. Nell'azione dell'*Iliade* — azione senza principio e senza conclusione — un cosmo conchiuso fiorisce a vita onnicapiente; l'unità, evidente frutto di voluta composizione, del *Niebelungenlied,* cela, dietro una facciata artisticamente membrata, vita e putrefazione, castelli e ruderi insieme.

3

Epopea e romanzo, le due obiettivazioni della grande epica, si distinguono l'una dall'altra non già per gli aneliti che vi sono raffigurati, bensì per gli elementi storico-filosofici che l'una e l'altro si trovano a dover elaborare figurativamente. Il romanzo è l'epopea di un'epoca, per la quale la totalità estensiva della vita non è più data sensibilmente, per la quale l'immanenza vitale del senso si è fatta problematica, e che tuttavia ha l'anelito alla totalità. Sarebbe atto superficiale e soltanto artistico quello di ricercare nel verso e nella prosa gli unici, i decisivi tratti caratteristici, quelli che determinano il genere. Tanto per l'epica come per la tragedia, il verso non è il fondamentale elemento costitutivo, bensì un sintomo profondo, un'incisione, un marchio che pone in evidenza, nella maniera più consona e più genuina, l'essenza vera della tragedia. Il verso tragico è aspro e duro, isola e istituisce distanze. Esso paluda gli eroi di tutta la profondità della loro solitudine costitutiva, non permette che tra loro si instaurino altri rapporti che non siano quelli della lotta e della distruzione; nel suo lirismo, può risonare la disperazione e l'ebrezza della strada che mena alla fine, può splendere l'incommensurabilità dell'abisso sul quale oscilla l'essenzialità, ma mai — come invece è reso possibile a volte dalla prosa — si farà strada un accordo puramente umano, dell'anima, tra le figure rappresentate, mai la disperazione si farà elegia e l'ebbrezza brama di ascesa alle proprie altezze, mai l'anima potrà tentare di misurare, con psicologistica ambagia, il proprio abisso e ammirarsi compiaciuta nello specchio delle proprie profondità. Il verso drammatico — così, all'incirca, ne scrisse Schiller a Goethe — smaschera ogni trivialità dell'invenzione tragica, possiede un suo specifico rigore e un peso; dai quali non può risultare nulla di semplicemente vitale, in altre parole di drammaticamente triviale: i sentimenti banali vengon meno, trovandosi alle prese con la contrapposizione di linguaggio e contenuto. Anche il verso epico instaura distanze, ma le distanze voglion dire, nella sfera vitale, un sentimento di felicità e di agevolezza, un rilassarsi dei vincoli che indegnamente tengono incatenati uomini e cose, un sollevarsi di quella cappa pesante, di quel tanfo che grava sulla vita presa in sè e per sè, e che solo in certi momenti felici si disperde; e proprio queste son le cose che, grazie al distanziamento introdotto dal verso epico, devono porsi al livello della vita. L'effetto del verso viene quindi a essere, in questo caso, invertito, proprio perché le sue immediate conseguenze sono le stesse: estirpazione della trivialità e avvicinamento alla propria essenza. Ché il triviale è riservato alla sfera della vita, all'epica:

a questa si addice la pesantezza, come alla tragedia la leggerezza. A garantire obiettivamente che il totale allontanamento di tutto ciò che è vitale non sia affatto una vuota astrazione dalla vita, bensì un assumere esistenza da parte dell'essenza, può essere solo la consistenza mantenuta da queste raffigurazioni remote dalla vita: soltanto allorché il loro essere, superiore a ogni possibilità di confronto con la vita, sia divenuto più ricolmo, più perfetto, più importante di quanto s'aspetti ogni aspirazione alla completezza, appare evidente che la stilizzazione tragica è stata concretamente ottenuta; e ogni facilioneria o scoloritura, che naturalmente nulla abbia a che fare con il meccanico concetto del non-vivente, mostra che il normativo sentimento tragico non era presente: denuncia, in tutte le finezze psicologiche e nell'accuratezza lirica della singola invenzione, la trivialità dell'opera nel suo complesso.

Per la vita, però, pesantezza significa assenza del senso attuale, insolubile invischiamento in vuote associazioni causali, significa che ci si intristisce in un'infruttuosa aderenza alla terra e distanza dal cielo, implica il dover rassegnarsi, senza potersene sbarazzare, ai ceppi della mera, brutale materialità, a ciò che, per le migliori forze immanenti della vita, costituisce il costante obiettivo del superamento: la trivialità, per ricorrere alla nozione di valore formale. La totalità felicemente presente della vita è coordinata secondo una prestabilita armonia col verso epico: già il processo pre-poetico, che consiste nel mitologizzare l'intera vita, ha ripulito l'essere di ogni triviale gravame, e nei versi di

Omero si schiudono soltanto quei boccioli di una siffatta primavera, che son pronti alla fioritura. Ma il verso può imprimere solo una lieve spinta allo sbocciare, può cingere della corona della libertà soltanto ciò che da tutti i vincoli sia sciolto. Se la azione del poeta consiste invece nel riesumare il senso sepolto; se i suoi eroi devono appena forzare le mura del loro carcere e conquistare a prezzo di dura lotta o cercare, lungo erranti e faticosi sentieri, la sognata patria della bramata libertà dal gravame terreno, in tal caso la potenza del verso non basta a trasformare in una strada transitabile, coprendo l'abisso d'un tappeto di fiori, quest'intervallo. Ché la leggerezza, nella grande epica, non è che l'utopia, concretamente immanente, dell'ora storica, e la distanza plasmatrice cui il verso conferisce tutto ciò che contiene, non può che privare l'epica della sua alta a-soggettività e totalità: non può che trasformarla in idillio o in gioco lirico. La leggerezza della grande epica acquista infatti validità e diviene potenza produttrice di realtà solo a condizione che effettivamente ci si sbarazzi dei vincoli che traggono all'ingiù. Il dimenticare la schiavitù nei bei giochi della fantasia liberata ovvero nella rassegnata fuga verso isole beate, non segnate sul mappamondo della trivialità incatenante, non potrà mai condurre alla grande epica. In tempi ai quali non sia più concessa tale lievità, il verso è bandito dalla grande epica, oppure esso si tramuta, inopinatamente e inavvertitamente, in lirico. Soltanto la prosa può allora in sé capire, con lo stesso vigore, le pene e i lauri, la lotta e la vittoria, la via e la consacrazione: soltanto l'incondizionata flessibilità della prosa e la sua connessione aritmica colgono con uguale forza i lacci e la libertà, la pesantezza originaria e la conquistata lievità del mondo, che ormai immanentemente raggia del senso trovato. Non è per caso, se il crollo della realtà, trasformatasi in canto nella prosa di Cervantes, è assurto alla dolorosa lievità della grande epica, laddove il sereno ritmo del verso dell'Ariosto è rimasto gioco, è rimasto lirica; non è per caso, che l'epico Goethe i suoi idilli li abbia fusi in versi e invece abbia scelto la prosa per la totalità del suo magistrale romanzo. Nel mondo del distacco ogni verso epico diviene lirico — i versi del *Don Giovanni* e dell'*Onieghin* ne fanno opere degne dei grandi umoristi —, e ciò perché nel verso si fa manifesto tutto ciò che è celato, e il distacco, che con passo misurato la prosa supera accostandosi gradualmente al senso, appare invece nudo, fatto oggetto di scherno, calpestato ovvero quale dimenticato sogno, nella rapida fuga dei versi.

Anche i versi di Dante, per quanto più lirici di quelli omerici, tuttavia non sono lirici del tutto: essi condensano e accentrano a epopea il tono della ballata. L'immanenza del senso vitale è, per il mondo dantesco, presente e astante, sì, epperò dall'aldilà: essa è l'attuata immanenza del trascendente. Il distacco è, nel mondo della vita comune, accresciuto, elevato a insuperabilità, ma nell'al di là rispetto al nostro mondo ogni smarrito ritrova la patria che dall'eternità lo attende, ogni voce che quaggiù risoni solitaria, s'inserisce lassù nel canto corale che, facendone propria la nota, la integra nell'armonia e grazie a essa si fa armonia. Il mondo colmo di lontananze palpita, espandendosi e caoticamente appallottolandosi al di sotto della raggiante rosa celeste del senso fattosi percettibile, e in ogni istante appare visibile, senza veli. Gli abitanti della patria di lassù ne sono originari, ognuno di essi a tale mondo è legato dalla forza indissolubile del destino, ma lo riconosce e lo contempla nella sua fragilità e pesantezza solo allorché la sua via sia giunta alla fine, assumendo significato; ogni figura canta il suo singolo destino, celebra l'unicità dell'avvenimento in cui è divenuto chiaro ciò che le era prescritto: la sua è una ballata. E come la totalità dell'edificio del mondo costituisce, per ogni singolo destino, l'apriori prestabilito, significativo e comprensivo, così la crescente intelligenza di quest'edificio, della sua struttura e della sua bellezza — la grande esperienza che Dante compie nel suo errare — tutto ammanta dell'unità del suo ormai svelato senso: l'agnizione di Dante trasforma il singolo in elemento costruttivo del tutto, le ballate divengono i canti di un'epopea. Solo nell'al di là, però, il senso del mondo di quaggiù appare immediatamente evidente e immanente. Nell'al di qua, la totalità è alcunché di fragile o di desunto, e i versi di Wolframio o di Gottfried non sono che lirico ornamento dei loro romanzi, e l'andamento di ballata del *Niebelungenlied* può essere solo mascherato dalla struttura compositiva, non elevato a totalità onnicapiente.

L'epopea raffigura una totalità vitale chiusa in se stessa; il romanzo cerca, con le sue raffigurazioni, di scoprire e ricostruire la nascosta totalità della vita. La struttura data dell'oggetto — la ricerca non è altro che l'espressione, dal punto di vista del soggetto, del fatto che tanto il tutto vitale oggettivo quanto il suo rapporto col soggetto non hanno in sé nulla di evidentemente armonico — determina l'impulso alla raffigurazione: tutte le crepe e gli abissi che la situazione storica si porta appresso, devono essere trasferiti nella raffigurazione e non possono e non devono essere mascherati da mezzi compositivi. In questo modo, il sentimento-base del romanzo, quello che ne determina la forma, si obiettivizza quale psicologia degli eroi da romanzo: i quali sono dei cercatori. Il semplice fatto del cercare rivela che né obiettivi né vie agli obiettivi possono essere dati immediatamente, ovvero che il loro psicologicamente immediato e immoto esser dati non costituisce affatto una nozione, evidente a prima vista, di connessioni realmente esistenti né di necessità etiche, bensì soltanto una realtà dell'anima, cui non è obbligatorio che corrisponda alcunché nel mondo degli oggetti o in quello delle norme. Per dirla con altre parole: può trattarsi di crimine o di follia; e i confini che separano il crimine dall'asserito eroismo, che dividono la follia dalla saviezza maestra di vita, sono frontiere labili, meramente psicologiche, se la fine cui ci si conduce si stacca dalla realtà comune anche nella terribile lucidità della pazzia divenuta manifesta e senza speranza. Epopea e tragedia non conoscono, in questo senso, né delitto né follia. Ciò che, nell'uso quotidiano del termine, si designa come crimine, per esse o non esiste affatto, ovvero null'altro è se non il punto, simbolicamente determinato e che visibilmente brilla in lontananza, in cui il rapporto dell'anima col proprio destino, veicolo della sua aspirazione alla patria metafisica, diviene evidente. L'epopea, o è il puro mondo dell'infanzia in cui la trasgressione di norme, assunte come definitive, necessariamente attira sul capo di chi la compie la vendetta, che a sua volta pretende d'essere vendicata, e così via all'infinito, ovvero è l'attuata teodicea, in cui crimine e pena, quali pesi di ugual misura tra loro omogenei, riposano sui piatti della bilancia del Giudizio universale. E nella tragedia, il crimine o è un nulla o un simbolo: un mero elemento dell'azione, richiesto e determinato dalle leggi della tecnica, ovvero la rottura delle forme proprie della zona posta al di qua dell'essenza, la soglia superando la quale l'anima ha accesso a se stessa. La follia, l'epopea non la conosce, ché sarebbe una lingua incomprensibile in un soprammondo che a mano a mano diviene tanto perspicuo; e, per la tragedia non problematica, follia può essere espressione simbolica di « fine », dotata dello stesso valore della morte corporale ovvero della vivente mortificazione dell'anima arsa dal fuoco essenziale dell'egotismo. Ché crimine e follia sono l'obiettivazione dell'esilio dalla patria trascendentale: esilio di un'azione che si svolge nell'ordine umano dei rapporti sociali, ed esilio di un'anima nell'ordine imperativistico del sistema di valori superindividuali. Ogni forma è la composizione di una sostanziale dissonanza dell'essere, un mondo, nel quale il controsenso, ricondotto al suo giusto posto, appare quale portatore, quale necessaria condizione del senso. Se dunque in una forma il culmine del controsenso, vale a dire lo sfociare nel nulla di profonde e genuine aspirazioni umane, ovvero la possibilità di un estremo annullamento umano, assunto come realtà condizionante, rischiara e risolve ciò che in sé è contraddittorio, e per conseguenza dev'essere riconosciuto come esistente e inevitabilmente presente, allora in questa forma possono, sì, alcune correnti sfociare nel mare della compiutezza, ma la sparizione dei manifesti obiettivi, la decisiva mancanza di direzione dell'intera vita, deve tuttavia essere posta alla base di tutte le raffigurazioni e degli accadimenti, quale fondamento della costruzione, quale costitutivo apriori.

Laddove non siano dati immediatamente obiettivi di sorta, le immagini nelle quali l'anima s'imbatte frammezzo agli uomini nel corso del suo umanarsi, quale proscenio e sostrato della sua attività, perdono il loro evidente radicamento nelle necessità superindividuali, imperative; le immagini sono qualcosa che semplicemente esiste, forse possente, forse cariato, ma esse né recano il crisma dell'assoluto né sono i naturali recipienti della traboccante interiorità dell'anima. Esse strutturano il mondo della convenzione: un mondo alla cui onnipotenza soltanto il più profondo recesso dell'anima si sottrae; un mondo che, in un'infinita varietà di manifestazioni, è presente dappertutto, e la cui rigorosa conformità alle leggi, tanto nel divenire quanto nell'essere, si fa necessariamente evidente per il soggetto che constata, ma che però non si offre, proprio a causa della sua normatività, né quale senso per il soggetto impegnato nella ricerca di un obiettivo, né, come reale immediatezza, quale materia per l'azione. Questo mondo è una seconda natura, come la prima determinabile soltanto quale riepilogo di necessità constatate, estranee ai sensi, e di conseguenza impercettibile e irriconoscibile nella sua vera sostanza. Ma per la poesia, soltanto la sostanza ha un'effettiva esistenza e soltanto sostanze tra loro intimamente omogenee possono venire alle prese nella comunione perennemente dialettica dei rapporti compositivi. La lirica può ignorare la fenomenizzazione della prima natura e dar vita, a partire dalla costitutiva forza di quest'ignorare, a una proteica mitologia della soggettività sostanziale: per essa v'ha soltanto l'attimo decisivo, e in quest'attimo la significativa unità di natura e anima, ovvero la loro significativa scissione, la necessaria e asserita solitudine dell'anima, si è fatta eterna: sottratta alla durata che indifferentemente scorre, sollevata dalla molteplicità confusamente condizionata delle cose, nell'attimo lirico la purissima interiorità dell'anima coagula a sostanza, e la natura straniera e inafferrabile si plasma, per spinta interiore, a simbolo sempre più luminoso. Ma soltanto negli attimi lirici è attuabile questo rapporto tra anima e natura; altrimenti la natura, a causa di questa sua estraneità al senso, si trasforma in una sorta di arsenale pittorico di simboli a disposizione della poesia, un complesso di materiali che sembra essere cristallizzato, come per incantesimo, in un moto perenne, e che può essere ridotto soltanto dalla parola magica della lirica a una calma significativamente mossa. Ché questi attimi sono costitutivi, sono determinanti la forma solo per la lirica; soltanto nella lirica questo repentino balenare della sostanza si trasforma in improvvisa leggibilità di sbiaditi graffiti; soltanto nella lirica il soggetto portatore di quest'esperienza diviene l'unico portatore del senso, diviene l'unica vera realtà. Il dramma si svolge in una sfera che giace al di là di questa realtà, e per le forme epiche l'esperienza soggettiva rimane nel soggetto: essa è un'esperienza che si fa stato d'animo. E la natura — spogliata della sua vita particolare, estranea al senso, come pure del suo simbolismo ricolmo di senso — diviene fondale, diviene quinta, diviene accompagnamento: la natura ha perduto la propria indipendenza ed è soltanto la proiezione dell'essenziale percettibile ai sensi, dell'interiorità.

La seconda natura delle immagini umane non ha alcuna sostanzialità lirica: troppo rigide le sue forme, per adeguarsi all'attimo creatore di simboli; il contenutistico sedimento delle sue leggi è troppo definito per poter liberare uno alla volta gli elementi che, nella lirica, devono divenire occasioni sperimentali; tali elementi vivono così esclusivamente per grazia della conformità alle leggi, sono a tal punto sprovvisti di valenze sensibili di un'esistenza da quella indipendente, che senza quella grazia essi scadono nel nulla. Questa natura non è muta, percettibile ai sensi e insieme estranea ai sensi come la prima: essa è un complesso di sensi congelato, divenuto estraneo, incapace ormai di risvegliare l'interiorità; essa è un calvario di interiorità assassinate e sarebbe pertanto resuscitabile — fosse questo possibile — soltanto mediante l'atto metafisico di una resurrezione dello psichico, di ciò che essa nella sua esistenza precedente, ovvero imperativa, produceva oppure conseguiva, ma mai ravvivabile da un'altra interiorità. Essa è troppo apparentata a ciò cui l'anima aspira, per essere da lei trattata quale mera materia prima per la creazione di stati d'animo, e tuttavia troppo estranea per esserne conveniente espressione. L'estraneità di questa natura rispetto alla prima natura, il moderno sentimento sentimentalistico della natura, non è che la proiezione dell'esperienza dalla quale risulta che il mondo circostante auto-creato per l'uomo non è più una casa natale, bensì un carcere. Finché le immagini costruite dall'uomo per l'uomo gli siano effettivamente proporzionate, esse costituiranno la sua necessaria e innata patria; nell'uomo non potrà manifestarsi alcuna delle nostalgie che la natura si propone e vive quale oggetto della ricerca e dell'invenzione. La prima natura, la natura come conformità alla legge per il puro conoscere, la natura quale consolatrice per il puro sentire, null'altro è se non l'obiettivazione storico-filosofica dell'estraneità di uomo e immagini dell'uomo. Qualora lo psichico delle immagini non possa più divenire immediatamente anima; qualora le immagini non appaiano più semplicemente quali agglomerato e cristallizzazione delle interiorità, che in ogni istante possono essere riconvertite in anima, per poter sussistere le immagini stesse devono acquisire una potenza capace di dominare ciecamente, indifferentemente e senza eccezioni, gli uomini. E all'agnizione della potenza che li soggioga, gli uomini danno il nome di leggi, e la sconsolatezza insita nell'onnipotenza e onnicapienza delle leggi stesse diviene, per l'agnizione del concetto della legge, la logicità elevata ed elevante di una necessità estranea agli uomini, eterna e immutabile. La natura delle leggi e la natura degli stati d'animo promanano dallo stesso luogo dell'anima: esse presuppongono l'impossibilità di una raggiunta e significativa sostanza, l'impossibilità, per il soggetto costitutivo, di trovare un oggetto costitutivo a lui proporzionato. Nell'esperienza della natura il soggetto, unico reale, dissolve l'intero mondo esterno in stato d'animo e diviene esso stesso stato d'animo, nonostante l'irremovibile parificazione sostanziale del soggetto contemplante e del suo oggetto; e la pura volontà di conoscere di un mondo depurato di volontà e desideri, metamorfosa il soggetto a compendio asoggettivo, costruttivo e costruito, di funzioni gnoseologiche. Così dev'essere: ché il soggetto è costitutivo solo qualora agisca dall'interno, soltanto in quanto soggetto etico; non gli tocca ricadere alla legge e allo stato d'animo solo qualora il palcoscenico delle sue azioni, l'oggetto normativo del suo agire, sia plasmato dalla stoffa della pura etica: allorché diritto e costume siano tutt'uno con moralità, allorché non si debba, nelle immagini, infondere più psichico, per tradurle in atto, di quanto, agendo, non se ne possa da esse estrarre. L'anima d'un mondo siffatto non cerca di giungere alla conoscenza di leggi, ché l'anima stessa è, per l'uomo, la legge; e in ognuno dei materiali che gli sottopone a prova, l'uomo scorgerà lo stesso sembiante della stessa anima. E finirebbe per sembrargli un gioco da nulla e superfluo, quello di superare l'estraneità del mondo non umano circostante mediante la forza risvegliatrice di stati d'animo del soggetto: il mondo dell'uomo che dobbiamo prendere in considerazione è quello in cui l'anima, quale uomo, dio o demone, è di casa; in tale mondo l'anima trova tutto ciò che le occorre, essa non ha bisogno di produrre nulla da sé e di ravvivare alcunché, dal momento che la sua esistenza è sovrabbondantemente ricolma del trovare, raccogliere e formare ciò che le è dato immediatamente quale affine all'anima.

L'individuo epico, l'eroe del romanzo, deriva da questa estraneità rispetto al mondo esterno. Finché il mondo sia, interiormente, omogeneo, neppure gli uomini si distingueranno qualitativamente l'uno dall'altro: v'hanno, sì, eroi e ribaldi, onesti e furfanti, ma perfino l'eroe maggiore supera appena di una spanna la schiera dei suoi simili, e le parole piene di dignità del più saggio son fatte proprie anche dagli stolti. La vita peculiare dell'interiorità è allora possibile e necessaria solo quando ciò che differenzia gli uomini sia divenuto abisso invalicabile; quando gli déi siano muti, e né il sacrificio né l'estasi pervengano a sciogliere la lingua dei loro segreti; quando il mondo delle azioni si scinda dagli uomini, anche se questa autonomia diviene inane e incapace di sussumere in sé il vero senso delle azioni, farsi simbolo di queste, e dissolverle in simboli: quando l'interiorità e l'avventura siano per sempre scisse l'una dall'altra.

L'eroe dell'epopea non è mai, a rigor di termini, un individuo. Fin dai tempi antichi, si è considerato carattere essenziale dell'Epos che oggetto di questo non fosse un destino individuale, bensì il destino di una collettività. E ciò a ragione, in quanto la perfezione e la conchiusione del sistema di valori che determina il cosmo epico, dà luogo a un tutto troppo organico perché in esso una parte possa a tal punto segregarsi in se stessa, possa così solidamente fondarsi su se stessa, da trovare se stessa quale interiorità, da divenire individualità. L'onnipotenza dell'etica che stabilisce ogni anima come unica e inimitabile, è ancora estranea e lontana da questo mondo. Qualora la vita come vita trovi in sé un senso immanente, le categorie dell'organica son quelle che tutto definiscono: la struttura e la fisionomia individuali derivano dall'equilibrio della reciproca dipendenza di parte e tutto, non già dal polemico riflettere su se stessa della personalità isolata e smarrita. Il significato, che un accadimento può assumere in un mondo siffattamente conchiuso, è pertanto sempre quantitativo: la sequenza delle avventure, in cui si allegorizza l'accadimento, ricava il proprio peso dall'importanza che per essa hanno il bene e il male di un grande, organico complesso vitale, di un popolo o di una stirpe. Che dunque gli eroi dell'epopea debbono essere re, ha cause diverse, ancorché parimenti formali, da quelle che determinano la stessa esigenza per la tragedia. Nella tragedia, tale esigenza è sorta semplicemente dalla necessità di rimuovere tutte le meschine causalità della vita dalla strada dell'ontologia del destino: ciò, perché la figura culminante della società è l'unica i cui conflitti, conservando l'apparenza sensibile di un'esistenza simbolica, promanino soltanto dal problema tragico, perché unicamente essa può avere, già nella forma in cui si manifesta all'esterno, l'atmosfera indispensabile dell'importanza dell'isolismo. Ciò che lì era simbolo, qui si fa realtà: il peso della connessione di un destino con un tutto. Il destino del mondo, che nella tragedia null'altro era se non la necessaria aggiunta di zeri che, annessi all'unità, la trasformano in milione, è qui ciò che fornisce il contenuto degli accadimenti; e il fatto d'essere veicolo di questo destino, non procura alcuna solitudine a chi lo porta, ma anzi, con indissolubili fili, tanto più lo lega alla collettività il cui destino si cristallizza nella sua vita.

E la collettività è una totalità organica — e per questo in sé significativa —, concreta: ragion per cui, il complesso delle avventure di un'epopea è sempre articolato e mai rigidamente conchiuso; si tratta dello zoobio di interiormente infinite pienezze di vita, che ha per fratelli o vicini altri, identici o simili zoobii. Il cominciare dal bel mezzo e il non mai conchiudere dell'Epos omerico, hanno il proprio movente nella fondata indifferenza del vero sentimento epico nei confronti di ogni costruzione architettonica, e l'intervento dall'esterno di materie estranee — come, nel *Niebelungenlied,* l'intervento di Dietrich von Bern — mai potrà turbare quest'equilibrio: poiché tutto vive nell'Epos di una sua propria vita e contribuisce alla perfezione dell'Epos stesso, mediante la propria interna importanza. L'estraneo può qui tranquillamente porgere la mano a ciò che sta nel centro, il semplice contatto vicendevole di elementi concreti basta a far sorgere concreti rapporti e, in conseguenza della sua lontananza prospettica, e della sua non spiegata pienezza, l'estraneo non comprometterà la coerenza, e tuttavia avrà l'evidenza dell'esistenza organica. Dante costituisce l'unico esempio cospicuo di univoca vittoria dell'architettura sull'organicità, e come tale la sua opera è un trapasso storico-filosofico dalla pura epopea al romanzo. In Dante si ritrova ancora la completa, immanente mancanza di distanza e l'isolamento della vera epopea, ma le sue figure sono già individui, che consciamente ed energicamente si contrappongono a una realtà scissa da loro, e in quest'opposizione assurgono a vere individualità. E anche il principio costitutivo della totalità dantesca è un principio sistematico, che eleva l'epica autonomia delle parziali unità organiche e le tramuta in vere e proprie parti, gerarchicamente ordinate. Naturalmente, quest'individualità delle figure la si ritrova più nei personaggi di contorno che nei protagonisti, e l'intensità della tendenza acquista in vigore procedendo dalla periferia e allontanandosi dall'obiettivo; ogni singola unità conserva la propria vita lirica, una categoria che l'antico Epos non conosceva né poteva conoscere. Questa unità dei presupposti di Epos e romanzo e la loro sintesi in epopea, riposano sulla struttura bimondana dell'universo dantesco: la scissura di vita e senso, propria dell'al di qua, viene superata e riscattata grazie a una coincidenza di vita e senso nella presente e vissuta trascendenza; all'organicità priva di postulati dell'antico Epos, Dante contrappone la gerarchia degli attuati postulati, esattamente come egli, unico, può privare l'eroe e il suo destino, che condiziona la collettività, di ogni tangibile superiorità sociale, dal momento che l'esperienza del suo eroe si identifica esattamente con la simbolica unità del destino dell'uomo.

4

La totalità del mondo dantesco è quella propria del sistema concettuale visibile. Appunto questa sensibile aderenza alle cose e questa sostanzialità, sia dei concetti stessi sia del loro organico ordinamento in sistema, fan sì che la conchiusione e la totalità divengano categorie costitutive e non regolative; ancora, che il transito per il tutto sia un viaggio ricco, sì, di tensioni, ma ben diretto e scevro di pericoli, anziché un andar tentoni alla ricerca della meta; infine, ciò rende possibile l'Epos, laddove la situazione storico-filosofica già vigorosamente sospinge i problemi ai confini del romanzo. La totalità del romanzo si lascerebbe sistematizzare solo in senso astratto, per la qual ragione anche un sistema cui si potesse qui attingere — l'unica forma possibile di conchiusa totalità dopo la definitiva sparizione dell'organicità — può essere soltanto un sistema di idee astratte, e pertanto non può esser presa in considerazione, nella sua immediatezza, ai fini della raffigurazione estetica. Certo, appunto questo sistema astratto è il fondamento ultimo sul quale tutto si drizza, ma nella realtà data e raffigurata diviene visibile soltanto la sua distanza dalla vita concreta, quale convenzionalità del mondo obiettivo e interiorità esaltata del mondo soggettivo. Così, accade che gli elementi del romanzo siano, nel senso di Hegel, completamente astratti; astratta è anche la nostalgia dell'uomo che tende a un'utopistica perfezione e trova, quale vera realtà, soltanto se stessa e il proprio desiderio; e astratto è l'impulso alla raffigurazione, impulso che lascia sussistere, inabolibile, il distacco tra i due gruppi astratti di elementi figurativi, lo rende visibile quale insuperato, quale esperienza dell'uomo-personaggio del romanzo, lo trasforma in collegamento tra i due gruppi e ne fa così il veicolo della composizione. Il pericolo insito in questo fondamentale carattere astratto del romanzo, è già stato riconosciuto: esso consiste nel trascendere a lirico o a drammatico, ovvero nel ristringimento della totalità in idilliaco o, infine, nel precipitare al livello della mera letteratura amena. E tale pericolo può essere combattuto soltanto in quanto, consciamente e consequentemente, si ponga come ultima realtà l'inconchiusezza, la fragilità e l'insufficienza del mondo.

Ogni forma d'arte è definita mediante la dissonanza metafisica della vita, che la asserisce e figura quale fondamento di una totalità in sé compiuta; il carattere di stato d'animo del mondo che ne rampolla, l'atmosfera in cui sono immersi uomini e accadimenti, è determinato dal pericolo che sorge, a minacciare la forma, dalla dissonanza non completamente risolta. La dissonanza della forma del romanzo, il rifiuto a trapassare nella vita em-

pirica opposto dall'immanenza del senso, solleva
un problema di forma, il cui carattere, formale appunto, è assai più celato di quello delle altre forme
artistiche, e che proprio a causa di questo suo apparente contenutismo, richiede una cooperazione
delle forze etiche ed estetiche, ancora più dichiarata e decisa di quanto non sia richiesto dai problemi puramente formali. Il romanzo è la forma
della virilità matura in contrapposizione alla normativa infantilità dell'epopea; la forma del dramma, che pure ha impronta di vita, sta, dal canto
suo, al di là delle età della vita, prese quali categorie aprioristiche, stadi normativi. Il romanzo è
la forma, ripetiamo, della virilità matura: e ciò
significa che la conchiusione del suo mondo appare, a vederlo obiettivamente, come alcunché d'in-
completo e, a sperimentarlo soggettivamente, risulta essere un atto di rassegnazione. Il pericolo,
dal quale siffatta raffigurazione è condizionata, è
pertanto duplice: da un lato, che la fragilità del
mondo crassamente e l'immanenza del senso imposto dalla forma revocativamente, appaiano alla luce, e che quest'ultima pallii la rassegnazione di
tormentosa sconsolatezza; dall'altro, che il desiderio troppo forte di sapere la dissonanza composta,
asserita e celata nella forma, induca a una chiusa
frettolosa, la quale strugga la forma in disparata
eterogeneità, e ciò perché la fragilità può essere
coperta soltanto in superficie, ma non riscattata, e
pertanto le gracili connessioni dovranno farsi visibili nell'atto in cui si spezzano, quale non elaborata materia prima. In entrambi i casi, però, la
immagine permane astratta: il divenir forma del-

l'astratto fondamento del romanzo, è la conseguenza dell'auto-penetrazione dell'astrazione; l'immanenza del senso, imposta dalla forma, deriva propriamente dall'irriguardoso procedere verso la fine, rivelando l'esilio dell'immanenza.

L'arte è sempre, in confronto alla vita, un nonostante; la creazione della forma è la più profonda ratifica della presenza della dissonanza, che sia dato pensare. Ma in ogni altra forma, e anche, per motivi ormai evidenti di per sé, nell'epopea, tale conferma è alcunché di precedente la plasmazione, laddove per il romanzo essa è la forma stessa. Di conseguenza, il rapporto di etica ed estetica nel processo plasmativo è diverso da quello proprio dei restanti generi poetici. Là, l'etica è un presupposto puramente formale, che mediante la propria profondità dà modo di penetrare fino all'essenza, formalmente condizionata, e grazie alla propria estensione permette l'altrettanto formalmente condizionata totalità, e la pone in essere grazie al suo contenere l'equilibrio degli elementi costitutivi, laddove l'espressione « equità » ha corso soltanto nel linguaggio della pura etica. Qui, l'etica, il sentimento in figura di ogni particolarità, è visibile, ed è dunque, col suo concretissimo contenutismo, un importante elemento costruttivo della poesia. Ragion per cui il romanzo, in contrapposizione all'essere che riposa nella forma finita, appare qualcosa d'altro, un divenire, un processo. Il romanzo è di conseguenza la forma che, dal punto di vista artistico, è minacciata dai più gravi pericoli, e da molti, i quali muovevano dall'identificazione di problematica e problematicità, è stata indicata come arte a mezzo. Con una parvenza, invero allettante, di ragione, perché soltanto del romanzo esiste una caricatura che gli stia alla pari per ciò che riguarda tutti gli aspetti formali non sostanziali, fin quasi a confondersi con esso: la letteratura amena, che presenta tutti i tratti esteriori del romanzo, e che però nella sua essenza a nulla è legata e nulla edifica di pregnante, e quindi è del tutto insignificante. Mentre dunque nelle forme dell'essere espresso come se fosse un raggiungimento, siffatte caricature sono impossibili, perché neppure per un momento può rimaner celato ciò che nella plasmazione è estraneo all'arte, qui invece è possibile una, ancorché apparente, approssimazione, che giunge quasi all'identificazione; e ciò a causa del carattere regolativo e recondito delle idee operanti, vincolanti e formanti, a causa della — apparente — parentela di una vuota mobilità con un processo, il cui contenuto ultimo non è razionalizzabile. Ma quest'accostamento si smaschererà in ogni caso concreto, a qualunque sguardo preciso, per quel che è: una caricatura, e le prove, tratte da altri campi, contrarie alla genuina essenza artistica del romanzo, dimostrano di avere soltanto apparenza di verità. E non solo perché la normativa incompiutezza e problematica del romanzo rappresentano una forma la cui nascita è legittimata dal punto di vista storicofilosofico, e che quale segno della propria legittimità perviene al proprio sostrato, alla condizione di vera presenza dello spirito, ma anche perché il modo del loro svolgersi come processo esclude soltanto contenutisticamente l'isolamento, mentre in quanto forma rappresentano un equilibrio, instabile, sì, ma sicuro nella propria instabilità di essere e divenire, diventano condizione quale idea del divenire, e pertanto s'innalzano e trasmutano a essere normativo del divenire: « Iniziata è la via, compiuto è il viaggio ».

Questa « arte a mezzo » prescrive dunque un'obbedienza ancor più rigida e indefettibile alle leggi artistiche che non le « forme chiuse », e queste leggi tanto più sono vincolanti quanto più indefinibili e informulabili risultano nella loro essenza: si tratta delle leggi del ritmo. Ritmo e gusto, in sé e per sé categorie subordinate, che appartengono in tutto e per tutto alla mera sfera della vita, e in quanto tali sono prive d'importanza a paragone di un mondo essenzialmente etico, acquistano qui una cospicua e costitutiva importanza: soltanto grazie a esse, la soggettività che inizia e conclude la totalità del romanzo è messa in condizioni di mantenersi in equilibrio, di porsi quale obiettività epicamente normativa, e per tal modo di superare l'astrattezza, il pericolo insito in questa forma. Il pericolo, infatti, può essere espresso anche così: laddove l'etica, contenutisticamente e non come mero apriori formale, si trovi a dover reggere la costruzione di una forma, e laddove non sia data, come nelle epoche epiche, una coincidenza o perlomeno una perspicua convergenza, nelle immagini, di etica quale fattore interno della vita e di sostrato delle manifestazioni dell'etica stessa, esiste il pericolo che, invece di una totalità astante, sia raffigurato un aspetto soggettivo della totalità stessa, capace di turbare o addirittura di distruggere il sentimento, l'aspirazione, imposta dalla grande epica, a un'obiettività via via crescente. Questo pericolo non può essere aggirato, ma solo superato dall'interno; ciò, perché tale soggettività non è tolta di mezzo qualora semplicemente rimanga inespressa ovvero sia tramutata in una volontà di obiettività: questo sottacere, questo afflato sono ancora più soggettivi che non l'aperto manifestarsi di una soggettività conscia e dichiarata, e pertanto, sempre nel senso di Hegel, ancor più astratti.

L'autocoscienza, e quindi l'auto-abolizione della soggettività, dai primi teorici del romanzo, gli estetici del primo Romanticismo, fu chiamata ironia. Essa significa, in quanto costituente formale della forma del romanzo, l'interna scissura del soggetto normativamente poetante in una soggettività, quale interiorità che si contrapponga ai complessi di forze estranee e tenda a imporre al mondo esterno, a guisa di marchio, i contenuti della sua nostalgia, e in una soggettività, la quale penetri l'astrattezza, e per conseguenza la limitatezza, dei mondi, l'uno all'altro estranei, del soggetto e dell'oggetto, ne comprenda i limiti, intesi quali necessità e condizioni della loro esistenza, e grazie a tale penetrazione lasci, sì, sussistere la duplicità del mondo, ma in pari tempo scorga e raffiguri, nel vicendevole condizionarsi degli elementi tra loro sostanzialmente estranei, un mondo unitario. Quest'unità è tuttavia di carattere puramente formale; l'estraneità e l'ostilità del mondo interno e del mondo esterno non sono tolte di mezzo, bensì semplicemente riconosciute come necessarie, e il soggetto di quest'agnizione è, appunto per questo, un soggetto empirico, e dunque prigioniero del mondo e rinchiuso nei limiti dell'interiorità, esattamente come quelli che son diventati i suoi oggetti. Ciò toglie all'ironia ogni fredda e astratta preminenza, che potrebbe ridurre la forma obiettiva a soggettiva, a satira, e la totalità ad aspetto: questo, perché così il soggetto che contempla e crea, applicando a se stesso la sua nozione del mondo, è costretto ad assumere se stesso, esattamente come le proprie creature, quale libero oggetto della libera ironia; per dirla in breve: a trasformarsi in un soggetto intento puramente a registrare, nel soggetto normativamente prescritto alla grande epica.

Quest'ironia è l'auto-correzione della fragilità: i rapporti inadeguati possono tramutarsi allora in una ridda fantastica e bene ordinata di malintesi e approssimazioni, dove tutto sia visto da molti lati: come isolato e collegato, come veicolo del valore e come futilità, come astratta separazione e come concreta autonomia, come intristimento e come fioritura, come fonte di dolore e dolore.

Su una base qualitativamente del tutto nuova, si è così raggiunta un'altra visuale della vita: il punto di vista, cioè, dell'insolubile aggrovigliarsi, della relativa indipendenza delle parti e della loro connessione al tutto. Solo che le parti, nonostante questo legame, mai possono perdere il rigore del loro astratto fondarsi su se stesse; il loro rapporto con la totalità è, sì, un rapporto quanto più possibile vicino all'organico, ma pur sempre un rapporto concettuale, e nient'affatto un'organicità legittima. Ciò ha per conseguenza, dal punto di vista compositivo, che gli uomini e il complesso delle azioni possiedono, sì, l'illimitatezza della genuina materia epica, epperò la loro struttura è essenzialmente diversa da quella dell'epopea. La differenza strutturale, nella quale si esprime questa pseudo-organica, fondamentalmente concettuale, della materia del romanzo, è la stessa che corre tra una costante omogeneo-organica e una quantità discreta eterogeneo-contingente. A causa di tale contingenza, le parti relativamente autonome son più autonome, più in sé conchiuse, che quelle dell'epopea, e devono pertanto essere inserite nel tutto tramite mezzi che ne trascendano la semplice esistenza, allo scopo di non mandare all'aria il tutto in questione. Esse parti devono, diversamente che nell'epopea, avere un rigoroso significato compositivo-architettonico, vuoi di contrappunto al problema, come nel caso delle novelle inserite nel *Don Chisciotte*, vuoi di battute introduttive di motivi celati, ma decisivi ai fini dell'opera, quali le *Confessioni di un'anima gentile* di Goethe; la loro esistenza non è tuttavia mai giustificata dalla loro semplice presenza. Questa possibilità di sussistere autonomamente quali quantità discrete delle parti unite soltanto compositivamente, è naturalmente importante solo quale sintomo, in quanto in questo diviene evidente, con la massima perspicuità, la struttura della totalità del romanzo; ma non è affatto necessario in sé e per sé che ogni romanzo rappresentativo riveli quest'estrema conseguenza della propria struttura; e il tentativo di superare la problematica della forma del romanzo orientandola esclusivamente verso questa sua manifestazione particolare, non farà che condurre ad artificiosità, all'eccessiva evidenza della composizione, come è accaduto al Romanticismo o al primo romanzo di Paul Ernst.

Ché il romanzo è soltanto sintomo della contingenza: esso semplicemente illumina una situazione di fatto, che necessariamente si ritrova sempre e ovunque, ma che, grazie al ritmo artisticamente ironico della composizione, viene a essere palliata da una sembianza, di continuo smascherata, dell'organicità: la forma esterna del romanzo è essenzialmente biografica. L'oscillare tra un sistema di concetti dal quale la vita sempre sfugge, e un complesso vitale, che mai riesce ad attingere alla pace della propria immanente - utopistica perfezione, può obiettivarsi infatti solo nell'organicità cui tende la biografia. In una situazione sociale in cui l'organicità costituisca la categoria onnidominante dell'essere collettivo, apparirebbe quale folle violentamento appunto dell'organico carattere di essa situazione, il tentativo di fare dell'individualità di un essere vivente, nella sua limitante limitatezza, il punto di partenza della stilizzazione e il centro della raffigurazione. E per un'epoca di sistemi statutari, l'allegorico significato di una vita individuale non è mai altro che un esempio: e, quest'esistenza individuale, rappresentarla quale veicolo, e non quale sostrato dei valori, sempreché un programma del genere possa essere formulato, sarebbe oggetto di risa. Nella forma biografica, il singolo, l'individuo raffigurato, ha un peso proprio, che sarebbe eccessivo per l'onnipotenza della vita e troppo lieve invece per l'onnipotenza del sistema; una nota dell'isolamento troppo alta per questa, troppo bassa per quella; un rapporto con l'ideale di cui l'individuo si fa portatore e avveratore, che per questa sarebbe troppo accentuato, per quella troppo subordinato. Nella forma biografica, l'inattuabile, sentimentale aspirazione, vuoi all'immediata unità vitale, vuoi alla composizione nella pace e nell'equilibrio dell'onnicapiente architettura del sistema, vien tramutata in essere. Ciò, perché la figura centrale della biografia acquista significato soltanto tramite il suo rapporto con un mondo dell'ideale che si leva a sovrastarla, ma tale rapporto è in pari tempo attuato unicamente grazie al suo vivere in quell'individuo e in virtù del compimento di quest'esperienza. Così rampolla, nella forma biografica, dall'equilibrio delle due sfere vitali non attuate, e dal loro isolamento rese incapaci di attuazione, una nuova e originale vita, la quale, ancorché paradossalmente, è in sé compiuta e immanentemente significativa: la vita dell'individuo problematico.

Mondo contingente e individuo problematico sono realtà che mutuamente si condizionano. Qualora l'individuo non sia problematico, le sue mete gli son date con immediata evidenza, e il mondo, la cui costruzione è il frutto dell'attuazione di tali mete, può ammannirgli, per il conseguimento degli obiettivi, soltanto difficoltà e ostacoli, ma mai un pericolo interiore davvero grave. Il pericolo si manifesta solo allorché il mondo esterno non sia più posto in relazione con le idee, allorché queste si trasformino, nell'uomo, in dati di fatto psichici, soggettivi, in ideali. A cagione dell'irraggiungibilità e — in senso empirico — inattuabilità delle idee, a cagione della loro trasformazione in ideali, l'organicità immediata, aproblematica, dell'individualità vien fatta a pezzi; essa assurge a meta di se stessa, poiché essa si trova dinanzi ciò che le è essenziale, ciò che fa della sua vita la sua propria vita, come qualcosa che è, sì, in lei, non però quale possesso e fondamento della vita, bensì come oggetto di ricerca. Il mondo circostante l'individuo non è però altro che un sostrato e un materiale di contenuto diverso di quelle stesse forme categoriali che fondano il suo mondo interiore: l'insuperabile abisso tra la realtà astante e l'ideale, il dover essere, deve dunque costituire, corrispondendo alla diversità del materiale la mera diversità strutturale, l'essenza del mondo esterno. Questa diversità si mostra in maniera chiarissima nella pura negatività dell'ideale. Mentre nel mondo soggettivo dell'anima l'ideale è altrettanto di casa quanto le altre realtà psichiche, ancorché al loro livello, quello dell'esperienza, appaia umiliato, e di conseguenza possa risaltare con immediatezza e con contenutistica positività, la separazione di realtà e ideale si manifesta nel mondo circostante l'uomo soltanto con l'assenza dell'ideale e con l'immanente autocritica, che ne è la conseguenza, della mera realtà: nell'auto-smascheramento della sua insignificanza, qualora le manchi l'immanente ideale.

La forma del manifestarsi di quest'autodistruzione, che nel proprio semplice esser dato rivela una dialettica tutt'affatto mentale e nessuna evidenza immediata, poetico-sensibile, è duplice. In primo luogo, la mancanza di una concordanza tra l'interiorità e il sostrato del suo manifestarsi, mancanza che campeggerà con tanto maggior vigore, quanto più genuina sia l'interiorità, quanto più vicine giacciano le sue fonti alle idee dell'essere, divenute, nell'anima, ideali; in secondo luogo, l'incapacità di questo mondo a raggiungere la compiutezza, vista la sua ostilità, all'ideale estranea, nei confronti dell'interiorità; l'incapacità a trovare, per sé come tutto, la forma della totalità e, per ciò che riguarda il rapporto di sé coi suoi elementi e i rapporti tra gli elementi stessi, la forma della coerenza. Per dirla altrimenti: l'irrappresentabilità; tanto le parti quanto l'insieme di un siffatto mondo esterno si sottraggono alle forme della raffigurazione immediatamente sensibile, e una vita l'acquistano soltanto allorché possano essere poste in relazione, o con l'esperiente interiorità dell'uomo in esse smarrito, o con lo sguardo contemplante-creante della rappresentante soggettività del poeta; allorché, in altre parole, esse divengano oggetti dello stato d'animo ovvero della riflessione. Questo è il terreno formale e la giustificazione delle pretese avanzate dal Romanticismo nei confronti del romanzo, cioè che il romanzo debba sussumere nella propria costruzione puro lirismo e puri pensieri, riunendo in sé tutte le forme. Paradossalmente, il carattere discreto di questa realtà esige, proprio in nome dell'importanza epica e della valenza sensibile, questa introduzione di elementi in sé e per sé tutt'affatto estranei in parte all'epica, in parte alla poesia: il cui ruolo non si esaurisce nell'atmosfera lirica e dell'incidenza concettuale, cui essi forniscono accadimenti altrimenti prosaici, scompagnati e insostanziali; al contrario, soltanto in essi può farsi visibile l'ultimo fondamento del tutto, l'onnicoerente: il sistema, costitutivo della totalità, delle idee regolative. La struttura discreta del mondo esterno, in ultima analisi riposa dunque sul fatto che il sistema d'idee, nei confronti della realtà, ha soltanto potere regolativo. L'impossibilità da parte delle idee di penetrare all'interno della realtà, fa di questa una quantità discreta eterogenea, e determina, proprio in base allo stesso rapporto, una ancor più pronfonda aspirazione, da parte degli elementi della realtà, a un rapporto col sistema di idee più accentuato di quello che s'aveva nel mondo di Dante. In questo, a ogni fenomeno, grazie proprio alla sua destinazione e localizzazione nell'architettura del mondo, venivano a essere attribuiti immediatamente e vita e senso, che erano presenti del pari, in compiuta immanenza, in ogni espressione di vita del mondo omerico dell'organicità.

La forma interna del romanzo fu intesa come processo: un processo che è la trasmigrazione dell'individuo problematico a se stesso, che è la via che mena dall'esser preda della realtà semplicemente astante, in sé eterogenea, per l'individuo priva di significato, alla chiara autocoscienza. Raggiunta quest'autocoscienza, l'ideale trovato getta, sì, luce, quale senso della vita, sull'immanenza vitale, ma la scissione tra essere e dovere non è tolta di mezzo, né può esser tolta di mezzo neppure nella sfera in cui ciò ha luogo, nella sfera del romanzo; soltanto un massimo di approssimazione è raggiungibile, una profondissima e intensissima illuminazione dell'uomo, reso trasparente dal senso della sua vita. L'immanenza del senso richiesta dalla forma, è attuata tramite la esperienza che l'uomo compie, esser questa mera intuizione del senso, il massimo che la vita può dare, l'unica cosa che sia degna della messa a repentaglio di un'intera vita, l'unica per cui valeva la pena di affrontare questa lotta. Questo processo assorbe l'intera vita d'un uomo e, col suo contenuto normativo — la via dell'autocoscienza d'un uomo —, son date contemporaneamente la sua direzione e la sua estensione. La forma interna del processo e la possibilità di raffigurazione più adeguata di esso processo, la forma biografica, rivelano, nella maniera più patente, la grande differenza che corre tra la discreta illimitatezza della materia del romanzo e l'infinità che ha carattere di *continuum* della materia dell'epopea. Tale illimitatezza ha una sfavorevole smisuratezza, e pertanto ha bisogno di limiti per divenir forma, laddove l'infinità della pura materia epica è un'infinità interna, organica, in sé portatrice di valori e di valori accentuatrice, la quale pone a se stessa, e dall'interno, i propri confini, e per la quale l'esterna infinità dell'ambiente è quasi indifferente, è soltanto una conseguenza e soprattutto un sintomo. La forma biografica attua, ai fini del romanzo, il superamento della sfavorevole sterminatezza di cui s'è detto: da un lato, l'ambito del mondo viene a essere limitato dall'ambito delle possibili esperienze dell'eroe del romanzo, e la loro massa viene a essere organizzata dalla direzione in cui si muove il suo divenire, nell'andare alla scoperta del senso della vita nell'autocoscienza; d'altro canto, la massa discreto-eterogenea di uomini isolati, immagini estranee ai sensi e accadimenti insignificanti, acquista un'unitaria membratura grazie al rapporto di ogni singolo elemento con la figura centrale e il problema vitale simboleggiato dal corso della sua esistenza.

Principio e fine del mondo del romanzo, che sono determinati dall'inizio e dal termine del processo che costituisce il contenuto del romanzo, diventano pertanto pietre miliari, significativizzate, di una strada chiaramente ponderata. Se ben poco il romanzo in sé e per sé è legato ai naturali inizi e termini della vita, alla nascita e alla morte — esso tuttavia indica, tramite il punto in cui prende il via e il punto in cui cessa, il cammino determinato dal problema, l'unico essenziale, toccando tutto ciò che giace al di qua e al di là soltanto di scorcio e come mera implicazione del problema —, d'altra parte esso ha la tendenza a spiegare l'intera propria totalità epica nel corso della vita per esso essenziale. Che inizio e fine di questa vita non coincidano con l'inizio e la fine della vita dell'uomo, rivela il carattere di questa forma biografica, che ha come punto d'orientazione le idee: è vero che lo sviluppo d'un uomo costituisce il filo col quale è legato l'intero mondo e dal quale l'intero mondo viene svolto, ma tale vita acquista questa sua importanza soltanto in quanto il filo in questione è il tipico rappresentante di quel sistema di idee e vissuti ideali, che regolamenta il mondo interno e il mondo esterno del romanzo. Se l'essere poetico di *Wilhelm Meister* si dilata a partire dalla sua crisi fattasi acuta nei confronti delle condizioni vitali che gli son date, fino alla scoperta della vocazione che gli è essenzialmente congeniale, questa raffigurazione biografica si basa sugli stessi principî che regolano il corso della vita nel romanzo di Pontoppidan, che dura dalle prime, importanti esperienze dell'infanzia, fino alla morte dell'eroe. E in tutti i casi, siffatta stilizzazione nettamente si discosta da quella dell'epopea, dove la figura centrale e le sue avventure di maggior conto costituiscono una massa organizzata in sé e per sé, ragion per cui inizio e fine rappresentano, per essa, alcunché di completamente diverso, di sostanzialmente privo d'importanza: sono momenti di maggiore intensità, identici agli altri momenti che costituiscono i culmini del tutto, e mai significano altro che un instaurarsi e un dissolversi di forti tensioni. Qui, come dappertutto del resto, Dante assume una posizione particolare, in quanto in Dante i principî della raffigurazione, che si protendono in direzione del romanzo, vengono rimetamorfosati nell'epopea. Per Dante, principio e fine costituiscono i momenti risolutivi della vita essenziale, e tutto ciò che può acquistare significativa importanza si svolge tra questi due poli: prima dell'inizio, v'ha un inestricabile caos, dopo la fine, una sicurezza che nulla ormai può minacciare, di salvazione. Ma ciò che principio e fine comprendono, si sottrae proprio alle categorie biografiche del processo: si tratta di un divenire, eternamente astante, del rapimento al mondo; e ciò che, per la forma del romanzo, sarebbe tangibile e raffigurabile, viene a essere condannato, dall'onnisignificanza di siffatta esperienza, all'assoluta insostanzialità. Il romanzo incastona l'essenziale della sua totalità tra inizio e fine, e con ciò solleva un individuo all'infinita altezza di colui il quale, mediante le proprie esperienze, deve creare un intero mondo e, il creato, mantenerlo in equilibrio; a un'altezza alla quale mai può attingere l'individuo epico e neppure l'individuo dantesco, il quale la propria importanza anzi la deve alla grazia che gli viene elargita, non già alla sua pura individualità. Ma, mediante quest'incastonamento, l'individuo viene a essere cangiato in mero strumento, che ha il proprio punto nodale nell'esser fatto per rivelare una determinata problematica del mondo.

5

La composizione del romanzo è un paradossale amalgama di elementi eterogenei e discreti in un organismo di continuo disdetto. I rapporti vicendevoli degli elementi astratti sono astrattamente e puramente formali: ne consegue che il principio ultimo che li tiene uniti dev'essere l'etica divenuta contenutisticamente perspicua della soggettività creatrice. Ma poiché questa deve a sua volta innalzare se stessa, perché possa attuarsi la normativa obiettività del creatore epico; e poiché essa non può mai tuttavia venire a capo degli oggetti della sua raffigurazione, né quindi può mai smettere del tutto la propria soggettività, né apparire quale immanente senso del mondo oggettivo, abbisogna essa stessa di un'auto-rettifica nuova, di carattere etico, ancora una volta contenutisticamente determinata, per raggiungere il ritmo creatore di equilibrio. Questo agire l'un sull'altro di due complessi etici, la sua duplicità morfologica e la sua unità plasmatrice, è il contenuto dell'ironia, è il sentimento normativo del romanzo, sentimento condannato alla massima complessità dalla struttura che gli è propria. Non è necessario che, in ogni forma in cui l'idea viene raffigurata come realtà, il destino cui va incontro l'idea nella realtà sia fatto oggetto di una riflessione dialettica. Il rapporto di idea e realtà viene risolto nella raffigurazione puramente sensibile, e tra esse non permane alcuno spazio vuoto, alcun distacco, a riempire il quale dovrebbe essere la sapienza, conscia e aggettante, del poeta; tale sapienza può dunque definirsi prima della raffigurazione, può celarsi dietro le forme, e non è quindi obbligata a manifestarsi nella poesia stessa sotto forma di ironia. Ché la riflessione dell'individuo creatore, la contenutistica etica del poeta, ha un doppio carattere: essa si rivolge innanzitutto alla raffigurazione riflessiva del destino che tocca e invita all'ideale, alla fattualità di questo rapporto col destino, e alla trattazione convalidante della sua realtà. Questa riflessione diviene però, una volta ancora, oggetto di considerazione: essa stessa non è che un ideale, alcunché di soggettivo, meramente postulativo, anche di fronte a essa sta un destino che si svolge in una realtà che le è estranea, un destino il quale, per quanto questa volta puramente riflesso, e pur rimanendo esclusivamente nel narratore, dev'essere raffigurato.

Quest'obbligatorietà della riflessione costituisce la profondissima melanconia di ogni genuino e grande romanzo. L'ingenuità del poeta — espressione positiva di null'altro che del carattere intimamente non artistico della pura meditazione — viene qui a essere violentata, tramutata nel suo opposto; e il dubbio compromesso raggiunto, l'equilibrio instabile delle due riflessioni, figlia l'una dell'altra, la seconda ingenuità, l'obiettività del poeta in veste di romanziere, non ne è che un surrogato formale: l'ingenuità in questione permette la raffigurazione, conchiude la forma, ma la maniera di tale conchiusione rimanda con gesto eloquente al sacrificio che s'è dovuto compiere, al paradiso per sempre perduto, che si cercò ma non si ritrovò, e la cui vana ricerca, in una con la rassegnata rinuncia a esso, ha concluso il ciclo della forma. Il romanzo è la forma della virilità matura: il poeta in veste di romanziere ha perduto la raggiante fede della giovinezza di ogni poesia, essere «destino e affetto nomi di un concetto»; e quanto più dolorosamente e profondamente mette in lui radici la necessità di contrapporre la vita come esigenza a quest'essenzialissima professione di fede di ogni poesia, tanto più dolorosa e profonda dovrà farsi la sua intelligenza del fatto che si tratta appunto solo di un'esigenza, nient'affatto di una effettiva realtà. E quest'intendimento, la sua ironia, si rivolge del pari contro i suoi eroi, i quali vanno a rovina nella loro giovanilità, poeticamente necessaria ai fini dell'attuazione di questa fede; non solo, ma anche la sua propria saviezza, la quale si era vista nell'obbligo di riconoscere l'inanità di questa battaglia e la vittoria definitiva della realtà. Sì, l'ironia moltiplica se stessa in ambedue le direzioni: essa comprende non soltanto la profonda, disperata inutilità di questa lotta, bensì anche l'ancor più profonda inanità della rinuncia a essa, il basso fallimento del tentativo di adeguarsi al mondo estraneo all'ideale, della rinuncia all'irreale idealità dell'anima e di una sommissione di sé alla realtà. E, in quanto l'ironia raffigura la realtà quale vincitrice, in tanto essa non solo ne rivela la nullità al cospetto del vinto, dal momento che siffatta vittoria non può mai essere definitiva e può sempre essere messa in forse da nuove sollevazioni delle idee, ma anche il fatto che il mondo il suo predominio lo deve, non già e non tanto alla propria forza, la quale non sarebbe sufficiente ad assicurarglielo con la sua greggia mancanza di direzione, bensì a un'interna, ancorché necessaria, problematica dell'anima gravata d'ideali.

La melanconia dell'età adulta rampolla da una duplice esperienza: che, cioè, l'assoluta, giovanile fiducia nella voce interna della vocazione si spegne o si vela, e che però è impossibile avvertire nel mondo esterno, al quale d'ora in poi ci si abbandona nell'ambizione di apprendere, una voce univoca che serva da guida e indichi una meta. Gli eroi della giovinezza sono, lungo le loro strade, guidati dagli dèi: che ad ammiccare alla fine della strada sia lo splendore della perdizione ovvero la felicità del successo o, ancora, ambedue assieme, mai essi procedono da soli, mai accade che non sian guidati, donde la profonda sicurezza del loro procedere; abbandonati da tutti, essi possono consolarsi piangendo su solitarie isole, possono, nel più profondo smarrimento della cecità, venirsene barcollando fino alle porte dell'inferno, ché sempre li circonderà quest'atmosfera di sicurezza: l'atmosfera del dio che prescrive la strada all'eroe, e lungo la strada dinnanzi all'eroe cammina.

Gli dèi discacciati e gli dèi che ancora non abbiano raggiunto la signoria, divengono démoni: la loro potenza è alcunché di efficace e vivo, epperò essa non più o non ancora compenetra di sé il mondo: il mondo ha acquistato una coerenza di significati e una concatenazione causale, che risultano incomprensibili alla potenza vivificatrice del dio divenuto dèmone: e, considerato dal loro punto di vista, l'agire del dio appare quale mera insignificanza; la forza della sua influenza non è però cancellata, dal momento che toglierla di mezzo non si può, in quanto l'essere del nuovo dio è un portato dei trascorsi del vecchio dio; ragion per cui il nuovo dio possiede — nella sfera dell'unico essere essenziale, quello metafisico — la stessa valenza di realtà dell'altro. «Non era divino», dice Goethe del démone, «perché appariva irragionevole; non umano, perché non aveva ragione alcuna; non diabolico, in quanto era benefico; non angelico, ché a volte lasciava intravedere un certo piacere del male. S'apparentava al caso, perché non aveva conseguenze; s'accostava alla provvidenza, perché accennava a una coerenza. Tutto ciò che noi limita, sembrava per esso transitabile; esso pareva a piacimento disporre dei necessari elementi del nostro essere; contraeva il tempo ed espandeva lo spazio. Sembrava compiacersi solo dell'impossibile e da sé respingere, con disprezzo, il possibile.»

C'è però un'essenziale tendenza dell'anima, cui importa soltanto appunto di ciò che essenziale è, donde cioè questo provenga e quali siano i suoi obiettivi; v'ha una nostalgia dell'anima, e l'attrazione della patria è così possente, che l'anima si trova a dover imboccare il primo sentiero che sembri condurvi, con cieca irruenza; e tanto è impetuoso questo zelo, che essa anima può percorrere la strada fino alla fine: per quest'anima, infatti, ogni strada mena all'essenza, ogni strada conduce a casa, ché per quest'anima la patria è tutt'uno con la sua singolarità. Ne deriva che la tragedia ignora una vera differenza tra dio e démone, laddove per l'epopea, quand'anche un démone penetri i suoi ambiti, si tratterà pur sempre di una entità impotente, subordinata per quanto alta: di una divinità gracile. La tragedia manda a pezzi la gerarchia dei mondi superni; in essa non v'è né dio né démone, da poi che il mondo esterno è soltanto un'occasione al ritrovamento dell'anima, all'essere eroe; in sé e per sé, il mondo esterno non è compenetrato dal senso né completamente né parzialmente, bensì, nei confronti dell'essere, da plasmazioni indifferentemente obiettive, significanti, uno scompiglio di ciechi accadimenti — ma l'anima ogni accadimento lo metamorfosa in destino, ed essa sola ne viene con ciascuno a capo. Solo quando il tempo della tragedia sia passato e il sentimento drammatico si faccia trascendente, compaiono sulla scena gli dèi e i démoni, soltanto nel dramma della grazia la *tabula rasa* del mondo superno torna a riempirsi di figure gerarchicamente ordinate.

Il romanzo è l'epopea del mondo abbandonato dagli dèi; la psicologia dell'eroe da romanzo s'appartiene al demonico; l'obiettività del romanzo è la nozione da uomo maturo secondo cui il senso non permetterà mai di penetrare fino in fondo la realtà, e che però questa, senza quella, decadrebbe nel nulla dell'inessenzialità: e tutto questo viene a dire una stessa e unica cosa. Descrive, cioè, i limiti produttivi, tracciati dall'interno, delle possibilità raffigurative del romanzo, e in pari tempo accenna a quello esclusivo istante storico-filosofico in cui son possibili i grandi romanzi, il momento in cui essi crescono a simbolo dell'essenziale, di ciò che v'è da dire. Il sentimento del romanzo è quello della matura virilità, e la struttura caratteristica della sua materia è il suo modo da quantità discreta, la frattura tra interiorità e avventura. « *I go to prove my soul* », dice il Paracelso di Browning, e l'incongruità di questa meravigliosa parola sta esclusivamente in questo, che a pronunciarla è un eroe drammatico. L'eroe del dramma non conosce avventura alcuna, ché l'accadimento, il quale per lui doveva farsi avventura al semplice contatto con la forza, unta dal destino, della sua attuata anima, diviene destino, diviene mera occasione di conferma, cagione di palesamento di ciò che giaceva, abbozzato, nell'attuazione dell'anima. L'eroe drammatico non conosce interiorità di sorta, ché l'interiorità rampolla dalla ostilità, dalla contrapposizione di anima e mondo, dal distacco doloroso di psiche e anima; e l'eroe tragico ha attuato la propria anima, e non conosce quindi alcuna, a lui estranea, realtà: ogni cosa esteriore gli si fa occasione del destino a lui prescritto e proporzionato. L'eroe del dramma non esita pertanto certo a mettersi alla prova; egli è eroe, dal momento che la sua interna sicurezza è garantita a priori, al di là di ogni verificazione; l'accadimento, in cui si raffigura il destino, non è per lui che una simbolica obiettivazione, una solenne e dignitosa cerimonia. (L'essenzialissima mancanza di stile del dramma moderno, con alla testa Ibsen, consiste in ciò, che gli eroi avvertono in sè il distacco dalla propria anima, e pretendono di superarlo in un disperato voler sottostare alla prova, alla quale li sottopongono gli avvenimenti; gli eroi dei moderni drammi vivono le premesse del dramma: il dramma stesso sfugge a quel processo di stilizzazione che il poeta avrebbe dovuto compiere prima del dramma, quale premessa fenomenologica della sua creazione.)

Il romanzo è la forma dell'avventura, del valore proprio dell'interiorità; il suo contenuto è la storia dell'anima, che qui imprende ad autoconoscersi, che delle avventure va in cerca, per trovare, in esse verificandosi, la propria essenzialità. L'interna sicurtà del mondo epico esclude le avventure in questo senso proprio: gli eroi dell'epopea percorrono una colorita serie di avventure, ma mai vien posta in dubbio la possibilità che essi riescano, interiormente come esteriormente, a superarle; gli dèi che han dominio sul mondo, devono sempre trionfare dei démoni, di quella che la mitologia greca definisce la divinità dell'impedimento, dell'ostacolo. Donde la passività dell'eroe epico, richiesta da Goethe come da Schiller: la sarabanda di avventure, che ne addobba e riempie la vita, è la raffigurazione dell'obbiettiva ed estensiva totalità del mondo, egli stesso non è se non il lucente punto nodale, attorno al quale ruota tale svolgimento, il punto interiormente più immobile del ritmico movimento del mondo. La passività dell'eroe da romanzo non è invece affatto una necessità formale, ma essa anzi contraddistingue il rapporto dell'eroe con la propria anima, il suo rapporto con il mondo che lo circonda. Egli non dev'essere passivo, motivo per cui qualsivoglia passività assume sempre, in lui, una particolare qualità psicologica e sociologica, e statuisce un determinato tipo nell'ambito delle possibilità costruttive del romanzo.

La psicologia dell'eroe da romanzo è il campo d'azione del demonico. La vita biologica e sociologica ha la profonda tendenza a persistere nella propria immanenza: gli uomini vogliono semplicemente vivere e le immagini vogliono rimanere inviolate; e la distanza e l'assenza del dio efficiente conferirebbero l'onnipotenza all'inazione e all'autocompiacimento di questa vita che si svolge in sordina, se solo gli uomini, qualche volta almeno non più preda della potenza del démone, immotivatamente e ingiustificatamente sortissero da sé e non disdicessero tutte le motivazioni psicologiche ovvero sociologiche del loro essere. Ed ecco che allora all'improvviso l'abbandono del mondo da parte del dio si svela per insostanziabilità, per irrazionale miscela di densità e permeabilità: ciò che prima sembrava solidissimo, crolla a mo' di disseccata argilla al primo tocco del posseduto dal démone, e una vuota diafanità, oltre la quale erano visibili allettanti paesaggi, diviene d'un tratto parete di vetro, contro cui invano ci si affatica, incapaci di comprendere, quale un'ape alla finestra, senza riuscire a sfondarla, senza neppure pervenire all'agnizione, non darsi qui via alcuna.

L'ironia del poeta è la mistica negativa dei tempi senza dèi: una *docta ignorantia* di contro al senso;

un'esibizione dell'agire, benevolo o malevolo, dei démoni; la rinuncia a poter afferrare di più che non sia il fatto di quest'agire, e la profonda certezza, esprimibile soltanto nell'atto plasmativo: la certezza di aver scorto e sorpreso, in realtà, in questo non voler sapere e non poter sapere, il termine ultimo, la vera sostanza, il dio presente, non esistente. Ragion per cui l'ironia è l'obiettività del romanzo.

« Fino a che punto sono obiettive le raffigurazioni del poeta? » si chiede Hebbel. E risponde: « Esattamente nella misura in cui l'uomo è libero nel suo rapporto con dio. » Il mistico è libero, allorché si sia arreso, abbia attinto senza residui a dio. Libero è l'eroe, allorché abbia attuato se stesso in luciferesca arroganza in se stesso e da se stesso, allorché — per azione della sua anima — abbia bandito ogni mediocrità dal mondo dominato dalla sua caduta. L'uomo normativo ha conquistato la libertà di contro a dio, ché le alte norme che presiedono alle opere e all'etica sostanziale, hanno radici nell'essere del dio onniattuante, nell'idea della salvazione; esse norme infatti, nella loro più intima essenza, permangono intoccate dal sovrano del presente, sia esso dio ovvero démone. Ma l'avveramento del normativo, nell'anima o nell'opera, non può mai prescindere dal proprio sostrato, da ciò che è presente (in senso storico-filosofico), senza mettere a repentaglio la propria peculiarissima forza, il suo costitutivo coincidere con l'oggetto. Anche il mistico, che tende, al di là degli dèi in forma sensibile, all'esperienza dell'ultima e unica divinità, e che vi perviene, è, in questa sua esperienza, pur sempre legato al dio presente; e in quanto la sua esperienza si compie in un'opera, in tanto essa si attua nelle categorie, prescritte dalla posizione storico-filosofica delle lancette sul quadrante del mondo. Questa libertà è dunque sottomessa a una doppia dialettica, categoriale cosmologica e storico-filosofica; ciò che in essa è l'essenza più propria della libertà, permane inesprimibile: e cioè la costitutiva correlatività con la salvazione; e tutto ciò che può essere esposto e raffigurato, parla la lingua di questa doppia sudditanza.

Ma non si può omettere la via traversa, che dalla parola mena al silenzio, dalle categorie all'essenza, da dio alla divinità: la pretesa di giungere direttamente al silenzio deve per forza di cose tramutarsi in uno scilinguamento riflessivo in categorie storiche, non giunte a maturazione. Così, nella forma condotta a compimento, il poeta è liberamente di contro a dio, ché in essa forma, e in essa soltanto, dio stesso si fa sostrato della raffigurazione, congenere ed equivalente di tutte le altre materie, normativamente date, della forma, e viene compiutamente integrato nel loro sistema categoriale: il suo essere e la qualità del suo essere sono condizionati dal rapporto normativo in cui egli si trova implicato — in quanto possibilità di raffigurazione — rispetto alle forme costituenti: dal valore che gli si addice, dal punto di vista tecnico, ai fini della costruzione e membratura dell'opera. Ma questa sommissione di dio al concetto tecnico della genuina materialità delle singole forme, manifesta il duplice sembiante della conchiusione artistica, e il suo inserimento nell'ordine delle opere metafisicamente significative: questa compiuta immanenza tecnica ha come presupposto — in senso normativo e non psicologico — un rapporto costitutivo con l'essere ultimo e trascendente: la forma creatrice di realtà, trascendentale, dell'opera, può sorgere solo qualora in essa si sia fatta immanente una vera trascendenza. La vuota immanenza, quella che è radicata solo nella esperienza del poeta, e non anche, in pari tempo, nel suo albergare nella patria di tutte le cose, non è se non l'immanenza di un intonaco che maschera le crepe, il quale però mai potrà servire neppure da superficie di sostegno all'immanenza, e come tale è destinato a sfaldarsi.

Per il romanzo, l'ironia, questa libertà del poeta rispetto a dio, è la condizione trascendentale dell'obiettività della raffigurazione. L'ironia, che ha il potere di sogguardare l'opera di dio, nel mondo da dio abbandonato, con intuitivo, doppio sceveramento; che scorge la perduta, utopica patria dell'idea divenuta ideale, in pari tempo però ciò accogliendo nella sua limitatezza soggettivo-psicologica, nella sua unica forma d'esistenza possibile; l'ironia che, demonica essa stessa, cape il démone nel soggetto, quale essenzialità metasoggettiva, e di conseguenza, presentendo e sottacendo, parla di dèi tramontati e a venire, allorché discorre delle avventure di anime smarrite in una realtà vuota e inessenziale; l'ironia, che nell'odissea dell'interiorità deve cercare e non può trovare il mondo a lei commisurato: quest'ironia, dunque, in pari tempo raffigura il compiacimento che il dio creatore ricava dal fallimento di tutti i deboli tentativi di ribellione contro l'accozzaglia, da lui prodotta, di possanza e nullità, e il dolore, ineffabilmente alto, del dio salvatore, per il suo non poter ancor venire in questo mondo. L'ironia quale auto-redenzione della soggettività giunta alla fine, è la più alta libertà che sia possibile in un mondo senza dio. Per cui essa non è soltanto l'unica possibile condizione aprioristica di un'obiettività concreta, creatrice di totalità, bensì anche solleva questa totalità, il romanzo, a forma rappresentativa dell'epoca, in quanto le categorie costitutive del romanzo stesso costitutivamente si fondano sulla condizione del mondo.

II · Abbozzo di una tipologia della forma del romanzo

L'abbandono del mondo da parte di dio si rivela nella inadeguatezza di anima e opera, d'interiorità e avventura; nella mancanza di un preordinamento trascendentale delle aspirazioni umane. Questa inadeguatezza è, grosso modo, di due tipi: l'anima è più piccola ovvero più ampia del mondo esterno, che le è dato quale proscenio e sostrato delle sue azioni.

Nel primo caso, il carattere demonico dell'individuo problematico, che con fare bellicoso entra in campo, è più chiaramente visibile che non nel secondo caso, ancorché, in pari tempo, la sua problematica interna venga meno smaccatamente alla luce; il suo fallimento nei confronti della realtà ha, a prima vista, più che nel secondo caso, l'apparenza di un fallimento meramente esteriore. Il demonismo della limitatezza dell'anima rispetto al mondo esterno, è il demonismo dell'idealismo astratto. Si tratta di un sentimento che deve battere la strada diretta e dritta, che mena all'avveramento dell'ideale: il sentimento che, nel suo demonico accecamento, trascura ogni distacco tra ideale e idea,

tra psiche e anima, e che, con la fede più incrolla-
bile e più genuina, dal dover essere dell'idea infe-
risce la necessaria esistenza dell'idea, e considera la
non corrispondenza della realtà con questa aprioristica esigenza, quale un incantamento, operato da
cattivi démoni e che però può essere rotto ed esor-
cizzato grazie alla scoperta della parola magica, ovvero coraggiosamente affrontando le potenze incan-
tatrici.

La problematica strutturante di questo tipo di
eroe, consiste anche in una completa mancanza di
problematica interna e, conseguenza di siffatta
mancanza, in una completa carenza di sentimento
dello spazio trascendentale, di capacità di sperimentare le distanze quali realtà. Achille o Ulisse,
Dante o Arjuna — proprio perché lungo le loro
vie dagli dèi son guidati — sanno che questa guida
potrebbe anche far difetto o venir meno; sanno
che, in mancanza di simile ausilio, si troverebbero
di fronte, disperatamente impotenti, a nemici stra-
potenti. Il rapporto tra mondo obiettivo e mondo
soggettivo è pertanto mantenuto in adeguato equilibrio: la supremazia del mondo esterno che gli si
contrappone, vien dall'eroe avvertita con la debita
intensità; nonostante quest'intima umiltà, l'eroe
può però ancor trionfare alla fine, ché la sua forza,
in sé e per sé più limitata, vien portata alla vittoria
dalla suprema potenza del mondo; ragion per cui,
non soltanto son tra loro proporzionati i rapporti
di forza rappresentati e concreti, ma la vittoria e
la sconfitta non contraddicono né all'ordinamento
del mondo qual è né all'ordinamento del mondo
quale dovrebbe essere. Non appena quest'istintivo

sentimento di distacco — la cui forza assai essenzialmente contribuisce alla completa immanenza
vitale, alla « salute » dell'epopea — venga a mancare, il rapporto tra mondo soggettivo e mondo
obiettivo si fa paradossale; a cagione della contrazione subita dall'anima che agisce, che entra in
campo nell'Epos, per quest'anima stessa il mondo,
quale sostrato delle sue azioni, diviene di altrettanto più ristretto di quanto in realtà non sia. Poiché però da un lato questa rifusione del mondo e
dell'azione che ne deriva, e che è volta esclusivamente al rimodellato mondo, non può attingere al
vero centro del mondo esterno; e poiché dall'altro
quest'atteggiamento è, di necessità, meramente soggettivo, tale da non toccare all'essenza del mondo e
da offrirne soltanto un'immagine distorta, la reazione cui l'anima è sottoposta le proviene da fonti
che le sono del tutto eterogenee. Azione e resistenza all'azione non hanno dunque in comune né
estensione né qualità, né realtà né orientazione del-
l'oggetto. Il loro vicendevole rapporto non può di
conseguenza mai essere una vera e propria lotta,
ma soltanto un grottesco sfiorarsi e un altrettanto
grottesco respingersi, condizionato da mutui frain-
tendimenti. Questo carattere grottesco viene a essere in parte annullato, in parte invece rafforzato
dal contenuto e dall'intensità dell'anima: ché la
contrazione dell'anima stessa è, propriamente, il
suo demonico esser posseduta dall'idea essente,
dall'idea posta come unica e usuale realtà. Il contenuto e l'intensità di questa modalità dell'azione
devono pertanto, in pari tempo, sollevare l'anima
alla regione della più genuina sublimità, e raffor-

zare e consolidare la grottesca contraddizione fra il grottesco della realtà rappresentata e il grottesco della realtà effettiva, vale a dire l'azione del romanzo. Il carattere discreto-eterogeneo dell'essenza del romanzo subisce qui il più robusto incremento: le sfere dell'anima e degli atti, psicologia e azione, non hanno più nulla in comune tra loro.

Ne consegue che nessuno dei due principî possiede, né in sé né per rapporto agli altri, un momento di immanente progresso e sviluppo. L'anima è un'entità che riposa nell'essere, per essa raggiunto, trascendente, posto al di là del problema; in essa non può emergere alcun dubbio, alcun bisogno di ricerca, alcuna crisi, tale da trarla fuor di sé e metterla in movimento, né le lotte infruttuose e grottesche che si combattono in nome del suo avveramento nel mondo esterno, possono in qualche modo nuocere all'anima: la quale, nella sua intima certezza, da nulla può esser scossa, e ciò tuttavia solo perché essa in questo certificato mondo è incarcerata, perché nulla le è dato sperimentare. La completa carenza di una problematica interiormente vissuta metamorfosa l'anima in pura attività: dal momento che essa riposa in se stessa, nel suo essere essenziale, da nulla turbata, qualsiasi suo moto non può che essere un'azione volta all'esterno. La vita d'un uomo siffatto deve, di conseguenza, diventare una sequenza ininterrotta di avventure affrontate di propria elezione; in esse egli si getta, ché vivere non può per lui significare altro se non: affrontare avventure. La a-problematica concentrazione della propria interiorità, lo costringe a convertire queste avventure, che egli assume quali comune, quotidiana essenza del mondo, in azioni; gli manca, in rapporto a quest'aspetto della sua anima, ogni sorta di contemplazione, ogni tendenza e possibilità di un agire rivolto all'interno. Egli dev'essere un avventuriero. Ma il mondo che gli tocca scegliere quale proscenio delle sue azioni, è un sorprendente miscuglio di una fiorente organicità, alle idee estranea, e di una cristallizzata convenzione delle idee stesse, che nell'anima dell'uomo conducono la propria vita puramente trascendente. Ne consegue la possibilità del suo agire, insieme spontaneo e ideologico: il mondo che egli si trova dinanzi, è non solo ricolmo di vita, ma anche pieno della apparenza, appunto, di quella vita, che in lui è viva quale unica essenzialità. Da questa ambiguità del mondo consegue però anche l'intensità del suo grottesco agire *ad marginem* del mondo stesso, non appena egli vi si impegni: il fantasma dell'idea aleggia di fronte al sembiante insensato dell'ideale in sé aggricchiato, e la vera essenza del mondo essente, l'organicità autonoma, vuota di idee, assume quella posizione sovrana che le compete. Qui si manifesta con la massima chiarezza il carattere ateistico, demonico, di quest'invasamento, ma in pari tempo anche la sua simiglianza, ugualmente demonica, conturbante e affascinante, col divino: l'anima dell'eroe è un'anima che riposa, chiusa e in sé compiuta, quale un'opera d'arte o una divinità; ma questa modalità della sua essenza può esprimersi nel mondo esterno soltanto in inadeguate avventure, che, a cagione della loro cattività maniacale, non possiedono in sé e per sé alcuna forza di confutazione; e il loro isolismo di opera d'arte scinde l'anima non soltanto da ogni realtà esterna, bensì anche da tutti gli ambiti che, nell'anima stessa, non siano dal démone posseduti. Per cui il massimo di senso, vissutamente raggiunto, diviene il massimo di insignificanza: la sublimità si fa follia, si fa monomania. E questa struttura dell'anima si trova a dover dissecare fino in fondo il complesso delle possibili azioni. E anche se, a cagione del carattere meramente riflessivo di quest'interiorità, la realtà esterna rimane da essa del tutto intoccata, e «tale e quale com'è» fa la sua apparizione, quale reazione, a ogni azione dell'eroe, essa, proprio per questo, è una massa inerte, del tutto informe, del tutto priva di significato, alla quale manca ogni capacità di contrapposizione, programmata e unitaria, e dalla quale la demonica brama di avventure dell'eroe trasceglie, a piacer suo e sconnessamente, i momenti da cui trarre forza. Accade così che la rigidezza della psicologia e il carattere dell'azione, atomizzata in mille singole avventure, si condizionino a vicenda e mettano chiaramente in luce il pericolo di questa forma di romanzo, la sfavorevole smisuratezza e l'astrattezza.

E non è solo il tocco del genio di Cervantes, la cui opera costituisce l'eterna obiettivazione di tale struttura, quello che ha superato simile pericolo con il suo incomparabilmente profondo, illuminante, significativo intrecciare divinità e follia nell'anima di Don Chisciotte, bensì anche a permetterlo è stato il momento storico-filosofico in cui l'opera di Cervantes venne al mondo. È qualcosa di più d'un mero caso storico che il Don Chisciotte fosse concepito quale parodia dei romanzi cavallereschi, e il rapporto dell'opera di Cervantes con questi è qualcosa di più che non meramente sperimentale. Al romanzo cavalleresco era toccata la sorte di ogni epica, la quale volesse, muovendo da propositi unicamente formali, mantenere in vigore e continuare una forma, anche dopo che la dialettica storico-filosofica aveva fatto giustizia delle condizioni trascendentali della sua esistenza; il romanzo cavalleresco aveva smesso dall'affondar radici nell'essere trascendente, e le sue forme, che non avevano più da compiere nulla di immanente, dovevano per forza di cose intristire, farsi astratte, dal momento che la loro forza, destinata alla creazione di oggetti, doveva stroncarsi alle prese con la propria mancanza di oggetti; al posto di una grande epica, era sorta così una letteratura amena. Ma, dietro il vuoto guscio di queste morte forme, stava un tempo una pura e genuina, una grande, ancorché problematica, forma: l'epica cavalleresca del Medioevo; s'offriva qui una straordinaria occasione, una possibilità unica, di dar vita a una forma di romanzo in un'epoca la cui certezza teistica aveva reso possibile, e anzi perentoriamente richiesto, un'epopea. Il grande paradosso del cosmo cristiano consiste in ciò, che, alla laceratezza, alla normativa incompletezza del mondo dell'al di qua, al suo esser preda dell'errore e del peccato, si contrappone una salvabilità eternamente in atto, la teodicea eternamente presente nella vita dell'al di là. Dante riuscì a catturare questa totalità bimondana nella forma di pura epopea della *Divina Commedia*, laddove gli altri epici, che rimanevano nell'al di qua, dovevano lasciar persistere il trascendente in una trascendenza non tocca dalla loro arte, ed erano dunque in grado di creare totalità vitali, colte per via meramente sentimentale, meramente cercate, e che erano prive della astante immanenza del senso: romanzi, cioè, non epopee. Il proprio di questi romanzi, la loro bellezza di sogno, la loro magica grazia consiste in ciò, che ogni ricerca in essi null'altro è se non l'apparenza d'un cercare, che ogni sviamento dei loro eroi ha luogo per opera e con la garanzia di una grazia impalpabile e metaformale, che in essi il distacco, perdendo la propria realtà oggettiva, diviene ornamento che oscura e abbellisce insieme, e che lo slancio, destinato a cancellare il distacco, diviene gesto di danza, e ambedue, quindi, elementi meramente decorativi. Siffatti romanzi sono, propriamente, grandi favole, ché in essi la trascendenza non è sussunta, non è fatta immanente, non è integrata nella forma obiettivizzante, trascendentale, ma permane nella propria non affievolita trascendenza; soltanto le ombreggiature riempiono, decorativisticamente, le crepe e gli abissi della vita dell'al di qua e tramutano la materia di tali romanzi — a cagione della dinamica omogeneità di ogni vera opera d'arte — in una sostanza del pari intessuta di ombre. Nell'epica omerica la sovranità della categoria meramente umana della vita abbracciava vuoi gli uomini vuoi gli dèi, e di quest'ultimi faceva enti puramente umani. Con la stessa onnipotenza è qui l'inattingibile principio divino a dominare la vita umana, e questo bisogno di compimento, che accenna ad alcunché di al di là, questo livellamento, priva gli uomini di rilievo, li trasforma in mera facciata.

Questa certificata e perfezionata irrazionalità dell'intero cosmo raffigurato fa apparire l'ombra di dio che ne traspare, come alcunché di demoniaco: partendo dalla prospettiva di questa vita, dio non può essere inteso e inserito in un ordine, non può dunque manifestarsi quale dio; e a cagione della raffigurazione che ha di mira il mondo dell'al di qua, risulta impossibile, come invece, in Dante, reperire e indicare, a partire da dio, la costitutiva unità di tutto l'essere. I romanzi cavallereschi, di contro ai quali è sorto, quale polemica e parodia degli stessi, il *Don Chisciotte,* hanno perduto il rapporto trascendente e, dismesso questo sentimento — sempreché l'intero mondo, come nell'Ariosto, non sia divenuto un puro gioco, ironicamente bello —, la superficie misteriosa e favolosa doveva per forza di cose ridursi ad alcunché di banalmente superficiale. La critica morfopoietica di Cervantes a siffatta banalità ritrova la strada verso le fonti storico-filosofiche di questa classe formale: l'essere soggettivamente impalpabile, obiettivamente certificato, dell'idea, si è metamorfosato in un essere chiaro, dal punto di vista soggettivo, e fanaticamente affermato, e che però si svuota del rapporto obiettivo; dio, che a causa dell'incongruità del materiale in cui avrebbe dovuto tradursi, non poteva apparire che come un démone, è in realtà divenuto un démone, un démone che, nel mondo abbandonato dalla provvidenza, svuotato dall'orientazione trascendentale, s'adatta a svolgere il ruolo di dio. E il mondo che ha in vista, è lo stesso che prima da dio era stato mutato in un meraviglioso, ancorché irto di pericoli, giardino incantato, solo che ora, trasposto per incantesimo dei cattivi démoni in prosa, esso agogna al ricangiamento per opera dell'eroicità animata di fede; ciò da cui, nel mondo della favola, ci si doveva semplicemente guardare, per non rompere il benefico incantamento, qui è divenuto atto positivo, lotta per l'astante paradiso della realtà della favola, sospeso in attesa di una parola magica.

E così accade che questo primo grande romanzo della letteratura universale si ponga all'inizio del tempo in cui il dio del cristianesimo imprende ad abbandonare il mondo; in cui l'uomo diviene solitario, e può trovare il senso e la sostanza nella propria anima, che in nessun luogo trova una patria; in cui il mondo, sciolto dal suo paradossale ancoramento nel mondo dell'al di là astante, sarà dato preda della propria immanente mancanza di significato; in cui la potenza della durata — rafforzata dagli utopici rapporti d'ora in poi degradati a mero essere — assume dimensioni inaudite e conduce un'implacabile lotta, apparentemente inutile, contro le forze montanti, ancora impalpabili, incapaci ancora di mettersi a nudo e di penetrare di sé il mondo. Cervantes vive nel periodo dell'ultimo grande e disperato misticismo, il periodo del fanatico tentativo, compiuto dalla religione al tramonto, per rinnovarsi a partire da se stessa; nel periodo della nuova nozione del mondo, che viene a galla in forme mistiche; nell'ultimo periodo di occulti slanci, concretamente vissuti, ma già senza meta, slanci che procedono tastoni, sperimentalmente. È questo il periodo della scatenata demonicità, il periodo del grande smarrimento dei valori, mentre ancora sussiste il sistema dei valori stessi. E Cervantes, buon cristiano e leale e ingenuo patriota, ha, raffigurando, imbroccato l'essenza più profonda di questa demonica problematica: che, cioè, la purissima eroicità deve divenire alcunché di grottesco, e la fede più ferma tramutarsi in follia, qualora impraticabili si sian fatte le vie che menano alla loro patria trascendentale; che, ancora, in tal caso alla più genuina, alla più eroica, alla soggettiva evidenza, non corrisponderà, ormai, realtà alcuna. È la profonda melanconia del fluire storico, del trascorrere del tempo, la quale dice che eterni contenuti ed eterni atteggiamenti smarriscono il proprio significato, allorché il loro tempo sia passato; che il tempo può superare in estensione l'eterno. È questa la prima, grande battaglia scatenata dall'interiorità contro la prosaica viltà della vita esterna, e l'unica battaglia in cui all'interiorità sia riuscito, non soltanto di uscir dal campo senza macchia, bensì anche di circonfondere il suo avversario, già coronato di tante vittorie, dell'alone della propria vittoriosa, ancorché, naturalmente, auto-ironica poesia.

Il *Don Chisciotte* doveva, come del resto quasi ogni altro davvero grande romanzo, restare l'unica, significativa obiettivazione della sua classe di appartenenza. Questa compenetrazione di poesia e d'ironia, di sublimità e grottesco, di divinità e monomania, era così robustamente legata all'atteggiamento, allora prestabilito allo spirito, che lo stesso tipo di struttura spirituale in altre epoche non si sarebbe mai più manifestato con la stessa epica significatività. I romanzi d'avventure, che ne hanno fatto propria la sua pura forma artistica, son divenuti altrettanto poveri d'idee degli immediati predecessori del *Don Chisciotte,* i romanzi cavallereschi. Che hanno, anch'essi, perduto l'unica, fruttuosa tensione, quella trascendentale e, o l'hanno vicariata con una tensione meramente sociale, ovvero hanno trovato il principio motore dell'azione in una sete di avventura per amore dell'avventura. In ambedue i casi, a dispetto del talento, indubbiamente grande, di alcuni di questi poeti, non si può sfuggire alla sensazione di una banalità di fondo, di un sempre più rapido accostarsi del grande romanzo alla letteratura amena, e del suo finale confluire in questa. Con la sempre crescente prosaicizzazione del mondo, col ritirarsi dei démoni efficienti, i quali a mano a mano abbandonano il proscenio della lotta alla sorda resistenza, opposta da una massa informe, a ogni interiorità, sorge il dilemma posto dalla riduzione, quanto a demonicità, dell'anima: o rinunciare a ogni rapporto col complesso « vita », oppure rinunciare all'immediato radicamento nel mondo reale delle idee.

La prima è la strada seguita dal grande dramma dell'idealismo tedesco. L'idealismo astratto ha perduto ogni rapporto, anche il meno inadeguato, con la vita; per uscire dalla propria soggettività e per dar conferma di se stesso tramite la lotta e la caduta, esso aveva bisogno della pura sfera essenziale del dramma: tra interiorità e mondo, il distacco, quanto ad azione, era diventato così grande, che esso distacco si lasciava raffigurare quale totalità soltanto in una realtà drammatica, costruita e ordita espressamente ai fini della sua congegnatura. Il tentativo, così significante dal punto di vista artistico, compiuto da Kleist nel suo *Michael Cohlhaas*, mostra quanto obbligatorio fosse, data la situazione mondiale d'allora, che la psicologia dell'eroe divenisse mera patologia individuale, e la forma epica forma novellistica. In questa, come in ogni plasmazione drammatica, l'intreccio di sublimità e grottesco deve sparire e lasciare il posto a una pura sublimità: la culminazione a monomania e il superamento dell'astrazione — l'idealismo si fa necessariamente sempre più rado, sempre più povero di contenuto, sempre più manifestamente un idealismo *tout court* — sono di tal fatta, che le figure pervengono fin proprio ai confini dell'involontaria comicità, e il minimo tentativo, volto a conferir loro un briciolo d'ironia, non potrebbe, dando loro maggior rilievo, che trasformarle in squallide figure comiche. (Brand, Stockmann e Werle sono clamorosi esempi di questa possibilità). Ne consegue che il più legittimo pronipote di Don Chisciotte, il marchese Posa, vive in tutt'altra forma del suo avolo, e i problemi artistici del destino di queste anime così profondamente apparentate, in realtà non hanno tra loro più nulla in comune.

Quando però la riduzione dell'anima sia alcunché di meramente psicologico, quand'essa abbia perduto ogni visibile rapporto con l'essere del mondo delle idee, le viene anche a mancare la possibilità di divenire punto nodale e asse di una totalità epica; diventa più manifesta ancora l'incongruenza del rapporto tra uomo e mondo esterno, ma all'ef-

fettiva incongruenza, che nel *Don Chisciotte* era
soltanto il grottesco contrappunto di una con-
gruenza rigidamente prestabilita, obbligatoria e
prescritta, s'aggiunge l'incongruenza ideale: il contatto è divenuto meramente periferico, e l'uomo
così abbozzato, una necessaria figura di contorno,
che orpella la totalità, che coadiuva nell'opera di
edificazione, ma che è pur sempre e soltanto elemento costruttivo, non perno. Il rischio artistico,
insito in siffatta situazione, consiste in ciò, che il
centro, che ora dev'essere fatto oggetto di ricerca,
dev'esser, sì, alcunché di significativo e accentuato,
ma non di trascendente l'immanenza vitale. La va-
riazione introdotta nell'orientazione trascendentale
ha quindi come conseguenza artistica che la fonte
dell'*humour* non è più la stessa di quella della poesia e del sublime. Gli uomini raffigurati *sub specie*
grottesca, vengono a essere umiliati a una innocua
comicità, ovvero accade che la riduzione della loro
anima, la loro concentrazione, che ogni altro ne an-
nichilisce, su un unico punto dell'essere, il quale
però nulla più ha a che fare col mondo delle idee,
finisca per condurli a mera demonicità; finisca per
farne, ancorché sian trattati, nell'opera, con tocco
umoristico, i rappresentanti del principio del male,
ovvero della mera mancanza di idee. Questa negatività delle figure artisticamente più importanti, esige un contrappeso positivo e — sfortunatamente
per il moderno romanzo umoristico — siffatto « positivo » non poteva che essere l'obiettivazione di un
decoro borghese. Ché un effettivo rapportarsi di
questo « positivo » al mondo delle idee avrebbe
fatto saltare la immanenza vitale del senso, e per-

tanto la forma del romanzo; anche Cervantes, però (e tra i suoi seguaci forse Sterne), poté rimettere in vigore l'immanenza soltanto grazie alla unione di sublimità e *humour*, di riduzione dell'anima e di rapporto alla trascendenza. Qui si ritrova la ragione artistica per cui i romanzi di Dickens, pur ricchi di un'infinita schiera di figure umoristicamente trattate, in ultima analisi appaiono così piatti e piccolo-borghesi: la necessità di raffigurare quali eroi i tipi ideali di un'umanità che si adegui senza conflitti alla società borghese d'oggi, e, per amore della loro efficacia poetica, la necessità di circonfondere le virtù, che da questo atteggiamento son loro imposte, dell'alone, dubbio, forzato, ovvero a essi inadeguato, della poesia. Ne consegue che, con ogni probabilità, le *Anime morte* di Gogol sono rimaste un frammento: era a priori impossibile trovare un contrappeso « positivo » alla figura, artisticamente così felice e fruttuosa, epperò negativa, di Cicikov. E perché si potesse dar vita a una effettiva totalità, qual era perentoriamente richiesta dal genuino sentimento epico di Gogol, un bilanciamento del genere era assolutamente necessario: in mancanza di esso, il romanzo gogoliano non avrebbe potuto attingere affatto a un'obiettività epica, toccare una verità epica, e avrebbe dovuto rimanere un aspetto soggettivo, una satira ovvero un *pamphlet*.

Il mondo esterno è divenuto così esclusivisticamente convenzionale, che tutto, il positivo come il suo contrario, il ricco di *humour* come il poetico, può svolgersi solo in quest'ambito. Il demonicamente ricco di *humour* null'altro è se non il distorto eccedere gli altri da parte di alcuni aspetti della convenzionalità, ovvero la negazione o l'opposizione a questa, immanente, e che pertanto rimane altrettanto convenzionale, e il « positivo » non è che un riuscire ad adeguarsi a essa convenzionalità, l'apparenza di una vita organica nell'ambito dei confini, esattamente prescritti da questa. (Non si scambi con questa convenzionalità, materialisticamente, storico-filosoficamente condizionata, del moderno romanzo umoristico, l'incidenza della convenzionalità, imposta dalla forma, e pertanto atemporale, propria della commedia drammatica. Per la quale le forme convenzionali della vita associata non sono che le conclusioni simbolico-formali della sfera dell'essenza drammatica portata a compimento. Il matrimonio di tutti i personaggi principali, a eccezione dei ribaldi e ipocriti, debitamente smascherati, matrimonio che conclude le grandi commedie, è una cerimonia altrettanto puramente simbolica della morte dell'eroe, con cui si conclude la tragedia: ambedue non sono altro che evidenti pietre terminali del confine, i contorni netti richiesti dalla statuaria essenzialità della forma drammatica. È indicativo il fatto che, rafforzandosi la convenzionalità, nella vita come nell'Epos, le commedie vengono ad avere conclusioni sempre meno convenzionali. *La brocca rotta* e *Il revisore* possono ancora ricorrere all'antica forma dello smascheramento, mentre *La Parisienne* — per tacere delle commedie di Hauptmann o di Shaw — è già altrettanto priva di contorni, altrettanto inconclusa, delle tragedie contemporanee a essa, le quali non si concludono con la morte dell'eroe.)

Balzac ha battuto un cammino completamente diverso, nel suo viaggio verso la pura immanenza epica. Per Balzac, il demonismo, che qui ha funzione caratterizzante, il demonismo soggettivo-psicologico, è qualcosa che giunge nettamente ultimo: il demonismo è il principio di ogni fare umano essenziale, che si obiettivizzi in azioni epiche; il suo inadeguato rapporto col mondo obiettivo è elevato e accentuato al massimo, ma quest'accrescimento subisce un contraccolpo di carattere puramente immanente: il mondo esterno è un mondo esclusivamente umano, e in sostanza è abitato da uomini i quali mostran tutti una struttura spirituale simile, ancorché dotata di diversissimi contenuti e in tutt'altre direzioni avviata. Di conseguenza, questa demonica inadeguatezza, quest'infinita serie di parallelismi di anime rispetto ad anime gravate di destino, assurge a essenza della realtà; ne deriva quello straordinario, illimitato e imperscrutabile pigia pigia, quell'inviluppo di destini e di anime solitarie, che costituisce il proprio di siffatti romanzi. E, da questa paradossale omogeneità della materia, che deriva dall'estrema eterogeneità dei suoi elementi, viene a essere salvata l'immanenza del senso. Il pericolo di un'astratta e sfavorevole illimitatezza, vien tolto di mezzo grazie alla grande concentrazione novellistica di accadimenti e grazie all'incidenza genuinamente epica, che per tal modo essi accadimenti raggiungono.

Questa definitiva vittoria della forma la si ritrova, sì, nei singoli racconti, non però nell'insieme della *Comédie humaine*. È vero, ne esistono i presupposti: è presente, nella *Comédie*, la grandiosa unità della materia onnicapiente. Di più, questa unità non solo viene a essere avverata dal sempre rinnovato farsi sulla scena e sparire nell'ombra delle figure che si muovono nello sconfinato caos di questi racconti, ma essa ha anche trovato una modalità di manifestazione, ch'e è proporzionata alla più intima essenza di tale materia, e compiutamente: la modalità dell'irrazionalità caotica, dell'irrazionalità demonica; e il contenuto di questa ricca unità, è quello della grande, genuina epica: la totalità di un mondo. Ma, in ultima analisi, quest'unità non è affatto puramente e semplicemente figlia della forma: ciò che in realtà fa del tutto un tutto, non è che l'esperienza, al livello dello stato d'animo, di un comune fondamento vitale, e la nozione che questa esperienza coincide con l'essenziale della vita d'oggi. Epperò soltanto il particolare è epicamente raffigurato, il tutto non essendo che commesso; la sfavorevole illimitazione, che risultava superata in ogni singola parte, torna a contrapporsi al tutto come unitaria raffigurazione epica: la sua totalità riposa su principî che trascendono la forma epica, su uno stato d'animo e una nozione, non già su azione ed eroe, ragion per cui non può essere in sé conchiusa e perfetta. Nessuna parte ha, vista a partire dal tutto, un'effettiva, organica necessità di esistere: quella parte potrebbe mancare e il tutto non scapitarci affatto, e innumerevoli parti nuove potrebbero, ancora, aggiungervisi, e tuttavia non vi sarebbe interna compiutezza di sorta a respingerle da sé quali superflue. Tale totalità è dunque il sentore di una concatenazione vitale, che si rende avvertita dietro ognuno dei singoli racconti, quale ampio sfondo lirico; uno sfondo che non è conquistato per via problematica e a prezzo di dure lotte, come quello dei grandi romanzi, ma è — nella sua modalità essenziale, lirica, trascendente l'epicità — ingenuo, a-problematico: ma ciò che è insufficiente a farne totalità romanzesca, ancor meno gli dà modo di costituire il proprio mondo come epopea.

Elemento comune a tutte queste ricerche formali, è la staticità della psicologia: la riduzione dell'anima è data invariabilmente quale astratto apriori. Per cui risultava naturale che il romanzo del XIX secolo, con le sue tendenze alla mobilità psicologica e all'atomizzazione psicologistica, sempre più deviasse da questo tipo e cercasse in tutt'altre direzioni la causa dell'inadeguatezza di anima e realtà. Soltanto un grande romanzo, il *Hans im Glück* di Pontoppidan, rappresenta un tentativo di fare, di questa struttura dell'anima, il centro, e di rappresentarla in movimento e in sviluppo. Posto così il problema, ne consegue una maniera compositiva del tutto nuova: il punto di partenza, il collegamento, del tutto certo, del soggetto con l'essenza trascendente, è divenuto obiettivo finale, la tendenza demonica dell'anima a scindere se stessa compiutamente da tutto ciò che a tale apriorità non corrisponda, è divenuta effettiva tendenza. Laddove nel *Don Chisciotte* il fondamento di tutte le avventure era l'interna sicurezza dell'eroe e l'inadeguato atteggiamento del mondo nei confronti di questa sua sicurezza, ragion per cui al demonico spettava un ruolo positivo, di motore, qui invece l'unità di movente e obiettivo resta nascosta, la non corrispondenza di anima e realtà si fa enigmatica e apparentemente del tutto irrazionale, ché la demonica riduzione dell'anima si mostra soltanto negativamente, nel dover lasciar cadere ogni ottenimento, dal momento che la conquista non è « ciò » che è indispensabile, in quanto più ampia, più empirica, più vitale di ciò di cui l'anima è partita alla ricerca. Mentre, là, il compimento del ciclo vitale era la colorita ripetizione della stessa avventura, e il suo espandersi costituiva l'onnicapiente centro della totalità, qui il movimento della vita avviene in una univoca e determinata direzione: verso l'integrità dell'anima che ritorna tutta a se stessa e la quale dalle sue venture ha appreso di essere essa sola quella che, in una ferma conchiusezza in se stessa, può corrispondere al suo più profondo, sovrano istinto; la quale ha appreso che ogni vittoria sulla realtà costituisce una sconfitta per l'anima, dal momento che la irretisce sempre più, fino al crollo, in ciò che all'essenza è estraneo; e, ancora, che qualsiasi rinuncia a ogni conquistato frammento di realtà in verità costituisce una vittoria, un passo verso la conquista del sé che si è sbarazzato delle illusioni. Onde consegue che l'ironia di Pontoppidan si cela nel suo far riportare ovunque la vittoria all'eroe, il quale però da una potenza demonica è costretto a considerare ogni sua conquista quale priva di senso e non spettantegli, e a lasciarsela pertanto sfuggir di mano nell'istante stesso in cui ne è venuto in possesso. E la meravigliosa, interna tensione, rampolla dal fatto che il senso di questo negativo demonismo può svelarsi soltanto alla fine, nel momento della raggiunta rassegnazione dell'eroe, per modo da attribuire all'intera vita la retrospettiva chiarezza dell'immanenza del senso. La trascendenza, divenuta perspicua, di siffatta conclusione e la sua armonia prestabilita con l'anima, che qui si fa manifesta, gettano un lume di necessità su ogni smarrimento precedente, e il rapporto motorio di anima e mondo, contemplato a partire da quelle, si rivolta su se stesso: si direbbe che l'eroe sia rimasto sempre uguale a se stesso, e come tale, pacificamente in sé giacendo, abbia avuto modo di vedersi trascorrere dinanzi la sequela degli accadimenti; come se l'intera azione sia consistita soltanto nel fatto che i veli, i quali quest'anima ammantavano, son stati tolti di mezzo. Il carattere dinamico della psicologia viene smascherato quale mera apparenza di dinamicità, epperò — e qui sta la grande maestria di Pontoppidan — solo dopo che questa apparenza ha dato, mediante una mossa, vivente totalità vitale, inizio al viaggio. Da ciò deriva la posizione isolata che quest'opera occupa tra i moderni romanzi: la sua modalità di svolgimento, che ricorda quella degli antichi, la sua astensione da ogni mero psicologismo, e parimenti, per ciò che riguarda lo stato d'animo, il profondo distacco, che caratterizza la rassegnazione, intesa come sentimento conclusivo, di questo romanzo, e lo differenzia dallo smagato romanticismo di altre opere a esso contemporanee.

2

Per il romanzo del XIX secolo, maggior importanza ha assunto l'altro tipo, di cui s'è detto, di rapporto necessariamente inadeguato tra anima e realtà: l'incongruenza, la quale deriva dall'essere l'anima più ampia e più estesa dei destini che la vita è in grado di offrirle. La decisiva differenza di struttura che ne consegue, consiste in ciò, che qui non si tratta già di un astratto apriori nei confronti della vita, un apriori che pretenda di attuarsi in azioni, e i cui conflitti col mondo esterno costituiscono la « favola », bensì di una realtà più o meno in sé compiuta, ricolma di contenuto meramente interiore, che entra in concorrenza con la realtà esterna e ha una propria vita, ricca e mossa, e che si pretende, con spontanea auto-certezza, l'unica vera realtà, l'essenza del mondo, e il cui fallimento nel tentativo di tradurre in realtà quest'identificazione, costituisce l'oggetto della poesia. Abbiamo qui dunque a che fare con un concreto, qualitativo e contenutistico apriori, contrapposto al mondo esterno; abbiamo a che fare con la lotta tra due mondi, non solo con la lotta resa ancora più profonda la scissione di interiorità della realtà con l'apriori. Ma con ciò viene a essere e mondo. La cosmicità dell'interiorità ne fa alcunché di in sé riposante e autosufficiente: laddove l'idealismo astratto, per poter semplicemente esistere, per tramutarsi in azione, doveva entrare in conflitto col mondo esterno, balena qui la possibilità di una evitazione del conflitto, la quale non sia esclusa in partenza. Ché una vita, la quale ha modo di produrre tutti i contenuti vitali, traendoli dal proprio, può ben essere perfetta e compiuta, ancorché mai entri in contatto con la realtà esterna, la realtà estranea. Mentre dunque per la struttura psichica dell'idealismo astratto si dava, intenta ad accennare all'esterno, una attività superflua, da nulla infrenata, qui si ha piuttosto a che fare con una tendenza alla passività, con la tendenza a sottrarsi ai conflitti e alle lotte esterne, anziché affrontarli; la tendenza, insomma, a esaurire soltanto nell'anima ciò che riguarda l'anima.

Certo: in questa possibilità si contiene la decisiva problematica di tale forma di romanzo, la perdita dell'allegorizzazione epica, l'atomizzazione della forma in una nebulosa e informe successione di stati d'animo e riflessioni su stati d'animo, il surrogamento della favola, sensibilmente raffigurata, mediante l'analisi psicologica. Problematica, questa, che viene a essere vieppiù rafforzata dal fatto che il mondo esterno, il quale con quest'interiorità viene in contatto, deve corrispondere al rapporto tra quello e questa, e pertanto deve risultare completamente atomizzato, ovvero amorfo, e in ogni caso vuoto di qualsivoglia senso. Si tratta di un mondo al tutto dominato dalla convenzione, si tratta dell'effettivo avveramento del concetto della seconda natura: un compendio di norme, al senso estranee, a partire dalle quali non è dato invenire alcun rapporto all'anima. Onde, però, tutte le obiettivazioni raffigurative della vita sociale, eccole, per forza di cose, perdere ogni significato per l'anima. Neppure il loro paradossale significato, di necessario proscenio, di necessaria allegorizzazione dei dati di fatto, neppure questo, data l'inessenzialità del loro ultimo nucleo costitutivo, esse possono conservare; la vocazione perde ogni importanza per l'interno destino dei singolo uomo; onore, famiglia e classe la perdono rispetto ai mutui rapporti. Inconcepibile sarebbe Don Chisciotte senza la sua appartenenza alla cavalleria, inconcepibile il suo amore senza la convenzione della cortesia trobadorica; nella *Comédie humaine*, il demonico invasamento di tutti gli uomini si concentra e si obiettivizza nelle immagini della vita consociata, e anche qualora queste vengano smascherate, come nel romanzo di Pontoppidan, per inessenziali all'anima, pur tuttavia la lotta per esse — l'intuizione della loro inessenzialità e la lotta per sbarazzarsene — viene a costituire il processo vitale, che a sua volta è la carne dell'azione dell'opera. Qui, invece, ha cessato dall'essere operante, e ciò in partenza, ognuno di siffatti rapporti, ché l'elevazione dell'interiorità a mondo del tutto autonomo, non è solo un fatto psichico, bensì un decisivo giudizio di valore sulla realtà: tale autosufficienza della soggettività costituisce la sua disperata e legittima difesa, la rinuncia a ogni lotta per la propria realizzazione nel mondo esterno all'interiorità stessa, lotta considerata già a priori senza speranze, quale mero avvilimento.

L'assunzione di quest'atteggiamento è un incremento del lirismo, portato a così estreme conseguenze, che ne deriva l'incapacità, ormai, di una mera espressione lirica. Ciò, perché anche la soggettività lirica conquista, quale proprio simbolo, il mondo esterno; e, ancorché questo sia un mondo frutto di autocreazione, esso tuttavia è l'unico possibile, è un mondo che, quale interiorità, mai si contrappone, polemicamente respingendolo, al mondo esterno che gli è coordinato; mai accade che questo mondo, quale interiorità, si rifugi in se stesso, per dimenticare il mondo esterno, ma invece, conquistatore a suo piacimento, cava frammenti fuor da questo caos atomizzato, per amalgamarli — facendone dimenticare del tutto le origini — nel cosmo neo-costituito, nel cosmo lirico della pura interiorità. L'interiorità epica è però sempre riflessa, essa si attua, in contrapposizione all'ingenua mancanza di distacco della genuina lirica, in modo conscio e distaccato. Donde, il fatto che sian secondari i suoi mezzi espressivi: stato d'animo e riflessione; mezzi espressivi che sono del tutto estranei all'essenza della pura lirica, nonostante le apparenti simiglianze. È vero: stato d'animo e riflessione sono elementi costitutivi della forma del romanzo, ma la loro importanza formale è determinata da ciò, che in essi il sistema regolativo di idee, sotteso all'intera realtà, può divenir manifesto e, col loro intermediario, essere raffigurato; e dunque dal fatto che stato d'animo e riflessione hanno un rapporto positivo, ancorché problematico e paradossale, col mondo esterno. Divenuto scopo assoluto, il loro carattere impoetico dovrà farsi alla ribalta in maniera grossolana, dissolvendo ogni forma.

Il problema estetico in questione è però, nei suoi fondamenti ultimi, un problema etico; la sua soluzione artistica presuppone pertanto — corrispondendo in ciò alle leggi formali del romanzo — il superamento della problematica etica, che ne è la causa. Il problema gerarchico del rapporto di preminenza e subordinazione, di realtà interna e realtà esterna, è tutt'uno col problema etico dell'utopia; il problema di stabilire fino a che punto può essere giustificata, in senso etico, la possibilità di pensare un mondo migliore, in qual misura, su questo mondo pensato migliore, inteso come punto di partenza della raffigurazione vitale, può erigersi una vita che sia in sé perfetta e, per dirla con Hamann, non pervenga a una breccia, bensì a una conclusione. Dal punto di vista della forma epica, il problema va così posto: può questa correzione, questa conchiusione della realtà, trasporsi in atti che, indipendentemente da successi o fallimenti esterni, comprovino il diritto dell'individuo all'autonomia, non compromettano il sentimento dal quale furono promosse? La creazione puramente artistica di una realtà, che corrisponda a questo mondo di sogno, o che perlomeno gli sia più consona di quanto non lo sia la realtà che effettivamente ci si è trovata dinanzi, è una soluzione soltanto apparente, poiché l'utopica nostalgia dell'anima solo in tanto è legittima, solo in tanto degna di divenire punto nodale di una raffigurazione del mondo, in quanto essa non sia, nel modo più assoluto, attuabile, data la presente condizione dello spirito, ovvero, ciò che viene a dire lo stesso, in un mondo rappresentabile e raffigurabile attualmente, un mondo trapassato ovvero mistico. Se un mondo del compimento è da trovare, ciò comprova che l'insoddisfazione del presente era, artisticamente, una macchia sulle forme esterne di questo, un rimando decorativistico a tempi che permettano di tracciar contorni di più ampio respiro e rendano lecita una più ricca coloritura. Certo, questa nostalgia è attuabile, epperò il suo compimento manifesta la propria interna vuotaggine nella mancanza d'idee della raffigurazione, come appunto accade di constatare nei romanzi di Walter Scott, pur così ben condotti. Altrimenti, la fuga dinanzi al presente non serve a nulla ai fini del problema decisivo; nella raffigurazione monumentale o decorativa, distanziata, questi stessi problemi — i quali spesso determinano profonde dissonanze, non artisticamente componibili, tra gesti e anima, tra fato esterno e destino interno — si fanno visibili. Ne sono esempi significativi *Salambò* oppure i romanzi di Conrad Ferdinand Meyer, indubbiamente concepiti in termini novellistici. Il problema estetico, la trasformazione di stato d'animo e riflessione, di lirismo e psicologia, in genuini mezzi di espressione epica, si accentra pertanto attorno al fondamentale problema epico, quello dell'atto necessario e possibile. Il tipo umano che corrisponde a questa struttura dell'anima è, conformemente alla sua essenza, più un contemplativo che un attivo: la sua raffigurazione epica precede dunque il problema, beninteso nei limiti in cui questo fare che si ritira in se stesso, ovvero si rivela esitante, rapsodico, possa tramutarsi in atti; il suo compito consiste nello scoprire, raffigurando, il punto di congiunzione del necessario essere e modo d'essere di siffatto tipo e dei suoi necessari naufragi.

L'assoluta predeterminazione del fallimento rappresenta l'altro ostacolo obiettivo alla pura raffigurazione epica: che questa predestinazione venga asserita ovvero negata, deplorata oppure irrisa, v'è sempre il pericolo di una presa di posizione lirico-soggettiva nei confronti degli accadimenti, invece di un attenersi strettamente al puro registrare e ridare, normativamente epici, come si dovrebbe fare nel caso di una lotta meno interiormente decisa in partenza. È lo stato d'animo del romanticismo della disillusione, a farsi veicolo e sostentatore di questo lirismo: un'aspirazione troppo accesa e iperdeterminata al dover essere, nei confronti della vita, e una disperata intuizione della inanità di questa nostalgia; un'utopia che in partenza ha la coscienza inquieta e possiede la certezza della sconfitta. E l'elemento decisivo, in questa certezza, è la sua indissolubile connessione con la coscienza: l'evidenza del fatto che il naufragio è una necessaria conseguenza della sua propria struttura interna, che essa, nella sua migliore essenza e nei suoi più alti valori, è condannata a morte. Ne consegue che la presa di posizione, nei confronti dell'eroe e nei confronti del mondo esterno, è lirica:

amore e recriminazione, tristezza, compassione, irrisione.

L'importanza interna dell'individuo ha raggiunto il punto storicamente culminante: l'individuo
non è più, come nell'idealismo astratto, importante in quanto veicolo di mondi trascendenti, dal momento che egli i suoi valori li porta esclusivamente
in sé, e anzi i valori dell'essere sembrano instaura-
re la giustificazione della propria validità solo a
partire dal fatto di essere, soggettivamente, speri-
mentati, a partire dal loro significato per l'anima
dell'individuo.

Si l'arche est vide où tu pensais trouver ta loi,
Rien n'est réel que ta danse:
Puisqu'elle n'a pas d'objet, elle est impérissable.
Danse pour le désert et danse l'espace. [1]

HENRI FRANCK

La premessa e il prezzo di questo smisurato ele-
vamento del soggetto sono però la rinuncia a qualsivoglia ruolo nella raffigurazione del mondo esterno. Il romanticismo della disillusione non segue
soltanto in senso storico, temporale, l'astratto idealismo: esso ne è anche, concettualmente, l'erede,
il gradino storico-filosoficamente a esso successivo,
nell'ambito dell'utopismo aprioristico; se lì l'individuo, il veicolo dell'utopistica esigenza di realtà,
veniva schiacciato dalla forza bruta di questa, qui
questa sconfitta è la premessa della soggettività.

---

[1] Letteral.: Se vuota è l'arca in cui pensavi di trovare la tua
legge, / nulla v'è di reale se non la tua danza: /. che, poiché non
ha oggetto, è imperitura. / Danza per il deserto e danza lo
spazio. [N.d.T.]

Lì, dalla soggettività sbocciava l'eroismo dell'interiorità combattiva; qui, l'uomo, in conseguenza della sua interna possibilità di poetizzante sperimentazione e raffigurazione vitale, acquista la qualificazione a divenire l'eroe, la figura centrale del poema. Lì, il mondo esterno doveva essere ricreato secondo i prototipi dell'ideale, qui, si ha un'interiorità che si compie come poesia e pretende dal mondo esterno che questo le si consegni, quale il proprio materiale dell'autoraffigurazione. Nel romanticismo, il carattere poetico di ogni apriorità rispetto alla realtà è consaputo: l'Io divelto dalla trascendenza vede in se stesso la fonte di tutto il dover essere e — come necessaria conseguenza — vede se stesso quale l'unico, degno materiale del suo avveramento. La vita si fa poesia, ma con ciò l'uomo diviene in pari tempo il poeta della sua propria vita e lo spettatore di siffatta esistenza, quale un'opera d'arte da lui creata. Si tratta di una duplicità che può raffigurarsi solo liricamente. Non appena essa sia inserita in una coerente totalità, diviene manifesta la necessità del fallimento; e il romanticismo si fa scettico, disincantato e spietato, nei confronti di se stesso e del mondo: il romanzo del sentimento romantico della vita s'identifica con la poesia della disillusione. L'interiorità, cui è negata ogni strada all'autocompletamento, si accalca verso l'interno, senza tuttavia mai rinunciare definitivamente a ciò che per sempre ha perduto; ché, quand'anche lo volesse, la vita le nega ogni attuazione del genere: la vita le impone battaglie e, con le battaglie, sconfitte inevitabili, dal poeta previste, dall'eroe presentite.

Da questa situazione di fatto, rampolla una romantica smisuratezza in tutte le direzioni. Smisurata diviene l'interna ricchezza di ciò che puramente all'anima s'appartiene e che è elevato a unica essenzialità, e, con altrettanto smisurata inflessibilità, vien messa a nudo l'inimportanza del suo esistere nel tutto del mondo; l'isolamento dell'anima, la sua scissione da ogni limite e da ogni legame, viene gonfiato a smisuratezza, e in pari tempo la dipendenza di questa condizione dell'anima proprio da tale situazione del mondo, viene illuminata di spietata luce. Dal punto di vista compositivo, si ha di mira un massimo di continuità poiché soltanto nella soggettività non sbrecciata da nulla di esterno si dà un'esistenza; la realtà si sbriciola tuttavia in frammenti, tra loro del tutto eterogenei, i quali, una volta isolati, non possiedono, come le avventure nel *Don Chisciotte,* una valenza dell'essere sensibilmente autonoma. Tali frammenti vivono tutti solo per grazia dello stato d'animo esperiente, ma questo stesso stato d'animo viene smascherato, nella sua riflessiva nullità, dal tutto. Ragion per cui qui ogni cosa dev'essere negata, dal momento che qualsiasi asseveramento non fa che ridurre l'equilibrio instabile delle forze: l'asseveramento del mondo darebbe ragione al filisteismo privo di idee, darebbe ragione all'ottuso accomodamento con questa realtà, e darebbe origine a una satira a buon mercato e piatta; e l'univoco asseveramento dell'interiorità romantica dovrebbe dare il via a una psicologizzazione lirica, riflettendo inanemente un informe crapulare in se stesso, una frivola auto-adorazione. Ma i due principî della raffigurazione del mondo son troppo ostili, troppo eterogenei l'uno all'altro, per essere asseverati contemporaneamente, come potrebbe essere il caso di romanzi nei quali è insita una possibilità di trascendere a epopea; e la negazione di entrambi, unica via offerta alla raffigurazione, rinnova e potenzia il fondamentale pericolo di questo tipo di romanzo: l'autodissolvimento della forma in uno sconsolato pessimismo. La necessaria conseguenza della psicologia che, come mezzo espressivo, domina il quadro: la decomposizione di ogni valore umano, il quale non abbia presupposti altro che nella coscienza, la scoperta della sua conclusiva nullità; e l'altrettanto necessaria conseguenza del predominio dello stato d'animo: l'impotente affliggersi su un mondo in sé insostanziale, l'inefficace e monotono splendore di una superficie preda della putrefazione, tali gli aspetti puramente artistici di questa situazione di fatto.

Ogni forma dev'essere in qualche suo luogo positiva, per poter acquisire, come forma, sostanza. Il paradosso del romanzo rivela la propria ampia problematicità in ciò, che la situazione del mondo e il tipo umano che meglio rispondono alle sue esigenze formali, per le quali esso romanzo è anzi l'unica forma adeguata, pongono la raffigurazione di fronte a compiti quasi insormontabili. Il romanzo della disillusione di Jacobsen, che esprime in meravigliosi quadri di tono lirico il compianto per il fatto che « nel mondo si dia tanta insensata sottigliezza », non regge, crolla a pezzi. E il tentativo del poeta di trovare una dubbia positività nell'eroico ateismo di Niels Lyhne, nell'intrepida assunzione del proprio necessario isolismo, fa l'effetto di un ausilio tratto da qualcosa di estraneo alla poesia vera e propria. Ché questa vita, la quale avrebbe dovuto farsi poesia, ed è invece divenuta povero frammento, nella raffigurazione in realtà si converte in un mucchio di rottami; l'efferatezza della disillusione non può che inficiare il lirismo degli stati d'animo, senza però riuscire a conferire, né agli uomini né agli accadimenti, vuoi la sostanza vuoi il peso dell'essere. Questa vita rimane un miscuglio, bello, sì, ma indubbiamente ombratile, di deboscia e amarezza, di compianto e irrisione, non è però un'unità: ci si trovano dinanzi quadri e aspetti, e nient'affatto una totalità vitale. Destinato allo stesso modo al fallimento, era il tentativo di Gonciarov di integrare in una totalità, grazie all'intervento di una figura di contrasto positiva, il personaggio di Oblomov, splendidamente, profondamente ed esattamente tratteggiato. Invano il poeta, a raffigurare la passività di questo tipo d'uomo, ricorse a un'immagine così convincente, così robustamente evidente, qual è l'eterno, impotente giacere di Oblomov: al cospetto della profonda tragicità oblomoviana, che sperimenta direttamente e soltanto ciò che è intimissimamente suo, epperò è costretta a un deplorevole fallimento di fronte alla minima realtà esterna, la vittoriosa felicità, l'orgoglio del forte amico di Oblomov non può che farsi piatto e triviale, e tuttavia abbastanza forza gli rimane, gli resta peso sufficiente, per travolgere in meschinità il destino di Oblomov: la patente comicità dell'eterogeneità di interno ed esterno, manifestata

da Oblomov disteso sul suo letto, perde, con l'inizio dell'azione vera e propria, dell'opera di educazione intrapresa dall'amico e del fallimento cui
questa va incontro, sempre più in profondità e
ampiezza, sempre più essa si fa il destino, del tutto
indifferente, di un uomo perduto in partenza.

La maggiore discrepanza tra idea e realtà è introdotta dal tempo: dallo scorrere del tempo come
durata. La più profonda e la più avvilente incapacità di avveramento della soggettività non consiste tanto nell'inutile lotta contro le immagini vuote di idea e i loro rappresentanti in veste umana,
quanto in ciò, che la soggettività non è in grado
di non perdere terreno nei confronti del fluire
costante, monotono del tempo, che essa finisce inevitabilmente per slittare, un po' alla volta, dalle sommità faticosamente raggiunte, e che questa
entità impalpabile, in perenne e invisibile movimento, a mano a mano le sottrae tutto il suo e,
inavvertitamente, le impone contenuti estranei.
Ne consegue che soltanto la forma del trascendentale esilio dell'idea, il romanzo, introduce nella
serie dei suoi principî costitutivi il tempo effettivo,
la *durée* bergsoniana. Che il dramma non possieda il concetto del tempo, che ogni dramma sia
assudditato alle tre unità esattamente intese —
dove l'unità di tempo significa sottrazione alla durata —, è stato da me dimostrato in altra occasione. Apparentemente almeno, all'epopea è nota
invece la durata del tempo: basti pensare ai dieci
anni dell'*Iliade* e ai dieci dell'*Odissea*. Tuttavia,
questo tempo ha anch'esso altrettanto poca realtà
di quello della tragedia, è un tempo cui manca una

effettiva durata; uomini e destini non ne sono toccati, il tempo non ha una propria mobilità, e la sua funzione è semplicemente quella di rendere sensibile la grandezza di un'impresa, la profondità di una tensione. Perché l'ascoltatore possa afferrare ciò che significano la presa di Troia, le peregrinazioni di Ulisse, son necessari gli anni, esattamente come lo sono il gran numero di guerrieri, l'estensione della superficie terrestre che dev'essere percorsa da un capo all'altro. Ma gli eroi il tempo non lo vivono all'interno della poesia, il tempo non ha incidenza alcuna sulla loro interna capacità di mutarsi in esseri immutabili; la loro età, gli eroi l'hanno in una col loro carattere, e così Nestore è vecchio, come Elena è bella, e Agamennone possente. L'invecchiamento e la morte, la dolorosa agnizione di ogni vita, certo, son propri anche degli uomini dell'epopea, ma si tratta soltanto di una constatazione: ciò che essi sperimentano, e come lo sperimentano, ha la beata a-temporalità del mondo degli dèi. La disposizione normativa all'epopea è, secondo Goethe e Schiller, quella verso alcunché di trapassato: un tempo, dunque, che, nel caso dell'epopea, è qualcosa di dato, di immobile e di percettibile a prima vista. Poeti e personaggi possono in tale tempo muoversi liberamente in ogni direzione: questo tempo ha, come un qualsiasi spazio, più dimensioni e nessuna direzione. E il normativo svolgersi nel presente del dramma, del pari statuito da Goethe e da Schiller, cangia, anche secondo Gurnemanz, il tempo in spazio, e soltanto il totale disorientamento della letteratura moderna ha imposto l'impossibile compito che consiste nel pretendere di dare rappresentazione drammatica a sviluppi temporali, allo svolgersi progressivo di flussi temporali.

Il tempo può diventare costitutivo solo qualora sia cessato il legame con la patria trascendente. Come l'estasi del mistico lo eleva in una sfera in cui durata e scorrere del tempo sono stati sospesi, e dalla quale egli è fatto riprecipitare nel mondo del tempo da null'altro che la sua limitatezza organica di creatura, così ogni forma della colleganza interiormente visibile con l'essenza dà vita a un cosmo, il quale a priori è sottratto a siffatta necessità. Soltanto nel romanzo, la cui materia è costituita dal dover cercare e dal non poter trovare l'essenza, il tempo è implicito nella forma: il tempo è il recalcitrare dell'organicità meramente vitale contro il senso presente, la pretesa della vita a voler restare ancorata a un'immanenza tutta sua, completamente conchiusa. Nell'epopea, l'immanenza vitale del senso è così robusta, che essa viene a essere sbarazzata del tempo. La vita fa, come vita, il suo ingresso trionfale nell'eternità, l'organicità ha preso, dal tempo, soltanto il fiore, e ha dimenticato del tutto l'appassire e il morire, se li è lasciati alle spalle. Nel romanzo, invece, senso e vita si scindono, e con essi l'essenziale e il temporale; quasi si potrebbe dire che l'intera azione del romanzo si riduca a null'altro che a una lotta contro la potenza del tempo. Nel romanticismo della disillusione, è il tempo a costituire il principio degradante: la poesia, l'essenziale, è costretta al deperimento, ed è il tempo che, in ultima analisi, determina tale processo di lisi. Ne consegue che, qui, ogni valore sta dalla parte della·fazione sconfitta, la quale, in quanto va dileguandosi a mano a mano, ha il carattere della sfiorente gioventù, e dalla parte del tempo, invece, stanno ogni rozzezza, ogni durezza svuotata d'idee. E soltanto quale suppletoria correzione di questa lotta unilateralmente lirica contro la potenza vittoriosa, l'auto-ironia vien rivolta alla sprofondante essenza: la quale, in un senso nuovo, che ormai deve rigettare, acquista ancora una volta l'attributo della giovinezza: l'ideale appare quale costitutivo soltanto della condizione d'immaturità dell'anima. Ma è chiaro che l'intera situazione del romanzo deve farsi ambigua, se in questa lotta valore e svilimento, tra loro così nettamente scissi, vengono assegnati all'una o all'altra parte; la forma è in grado di negare davvero un principio vitale, soltanto quando aprioristicamente riesca a escluderlo dal proprio ambito, mentre, laddove debba in sé sussumerlo, il principio vitale in questione per essa diviene alcunché di positivo. In questo caso, infatti, l'asseveramento del valore non costituisce soltanto la premessa della resistenza opposta dal principio vitale, bensì anche della sua propria esistenza.

Ché il tempo è la compiutezza della vita, ancorché il compimento del tempo sia l'abolizione della vita, e con essa del tempo. E la positività, l'affermazione di cui è espressione la forma del romanzo, al di là di ogni mestizia e di ogni inconsolabilità dei suoi contenuti, non è soltanto costituita dal senso che di lontano balugina, che risplende di opaca luce da dietro la fallita ricerca, bensì anche dalla pienezza della vita, la quale si fa manifesta proprio nella molteplice inanità della ricerca e della lotta. Il romanzo è la forma della virilità matura: il suo canto di consolazione prorompe dalla constatazione, dal sentore che dappertutto si fan visibili le orme e i germogli del senso perduto; che, al pari del cavaliere dell'essenza, il suo avversario ha tratto origine dalla stessa patria perduta; che, di conseguenza, per la vita doveva andar perduta l'immanenza del senso, per modo che quest'immanenza fosse dappertutto ugualmente presente. Così è che il tempo diviene veicolo dell'alta poesia epica del romanzo: il tempo si è fatto inesorabilmente esistente, e nessuno è più in grado di risalire a ritroso la sua corrente che procede in direzione univoca, né tampoco di imbrigliare con le dighe dell'apriorità il suo corso imprevedibile. Epperò permane vivo un sentimento di rassegnazione: tutto questo deve ben provenire da un qualche luogo, dev'esser ben diretto in qualche luogo; certo, la direzione del flusso non tradisce senso alcuno, e tuttavia è pur sempre una direzione. E da questo sentimento di virile rassegnazione promanano le esperienze temporali, legittimamente nate dal punto di vista epico, in quanto risvegliano azioni e da azioni germogliano: la speranza e la memoria; esperienze temporali, che in pari tempo sono superamenti del tempo: una visione complessiva della vita, come unità stillata *ante rem,* e l'intuizione panoramica *post rem* della vita stessa. E sebbene l'esperienza beatamente ingenua dell'*in re* di questa forma e dei tempi che ne sono i gestanti debba essere rifiutata, seppure anche simili esperienze sian dannate alla soggettività e alla permanenza nella riflessività, non può esser tolto loro il creativo sentimento dell'intuizione sensibile; sono queste le esperienze della massima prossimità all'essenza che possa darsi alla vita in un mondo abbandonato da dio.

Siffatta esperienza temporale è sottesa all'*Éducation sentimentale* di Flaubert, e il suo errore, la comprensione univocamente negativa del tempo, fu quello che decretò il fallimento, in ultima analisi, degli altri romanzi, ancorché di largo respiro, della disillusione. Tra tutte le grandi opere di questo tipo, apparentemente almeno, l'*Éducation sentimentale* è quella che meno è frutto di composizione, in quanto qui non si compie tentativo alcuno per superare, mediante un qualsivoglia processo di conciliazione nell'unità, il rovinare della realtà esterna, il suo disfarsi in elementi eterogenei, cariati e frammentari, e neppure quello di vicariare la mancanza di legame e di valenza sensibile, mediante una pittura lirica di stati d'animo: ché qui i monconi della realtà se ne stanno l'uno accanto all'altro, isolati, nella loro rigidità e frammentarietà di singoli elementi. E la figura centrale non acquista importanza, né grazie a una limitazione del numero dei personaggi e a una composizione rigidamente accentrata su quello che è il perno del romanzo, né grazie alla messa in risalto della sua personalità, aggettata rispetto alle altre: la vita interna dell'eroe è altrettanto frammentaria del mondo che lo circonda, e la sua interiorità non possiede alcuna forza di pathos, né lirica né sarcastica, che essa interiorità potrebbe contrapporre a questa futilità. E tuttavia questo romanzo, il più tipico per l'intera problematica della forma del romanzo, che abbia prodotto il XIX secolo, è, nella sconsolatezza da nulla mitigata della sua materia, l'unico che abbia toccato la vera obiettività epica e, tramite questa, la positività e l'energia asseverativa di una forma compiuta.

È il tempo a rendere possibile questo trionfo. Lo scorrere, non imbrigliato e ininterrotto, del tempo costituisce il principio motore dell'omogeneità, quello che digrossa i frammenti eterogenei e li pone l'uno con l'altro in un rapporto, naturalmente irrazionale e inesprimibile. È questo rapporto che ordina il casuale scompiglio degli uomini e impartisce loro l'apparenza di organicità autofiorente: senza alcun senso altrimenti percettibile, vengono a galla figure che accennano a un senso, lo fanno scomparire e risprofondano, che intrecciano rapporti con le altre figure, e questi rapporti interrompono. Ma in quest'insensato divenire e tramontare, che era in atto prima degli uomini e che dura al di là degli uomini, le figure non sono semplicemente incistate. Al di là degli accadimenti, al di là della psicologia, questo divenire attribuisce loro la qualità propria del loro essere: per quanto casuale sia sempre la comparsa di una figura dal punto di vista pragmatico e psicologico, è però certo che la figura stessa emerge da un'esistente e vissuta continuità, e l'atmosfera di quest'essere, portato di un flusso vitale unico e irripetuto, eleva la casualità delle sue esperienze e l'isolismo degli accadimenti, nei quali essa ha parte. Il tutto vitale, che porta e regge tutti gli uomini, diviene per questa via alcunché di dinamico e vivente: la grande unità temporale, che questo romanzo comprende, l'unità che membra in generazioni gli uomini e attribuisce le loro gesta a un complesso storico-sociale, non è già un concetto astratto, non già un'unità concettualmente e a posteriori costruita, come è invece la totalità della *Comédie humaine*, bensì alcunché di esistente in sé e per sé, un concreto e organico *continuum*. Solo in tanto questo tutto è una vera copia della vita, in quanto anche nei suoi confronti ogni sistema di valori delle idee conservi una funzione regolativa, e in quanto l'idea, che in esso abita ed è immanente, è soltanto l'idea dell'esistenza propria, l'idea della vita *tout court*. Ma quest'idea, che ancora più smaccatamente esibisce la lontananza del vero sistema di idee, nell'uomo divenuto ideale, sgrava il fallimento di ogni tentativo della sua nuda sconsolatezza: tutto quanto accade è insensato, è frammentario, è colorato di mestizia, epperò è sempre penetrato dal raggio della speranza ovvero della memoria. E la speranza non è qui affatto un'opera d'arte isolata dalla vita, astratta, destinata a essere sconsacrata e insozzata dal suo fallimento di fronte alla vita: la speranza è essa stessa parte della vita, una vita che la speranza, a essa acconciandosi e abbellendola, tenta di dominare, impresa alla quale, tuttavia, sempre è costretta a rinunciare. E nella memoria questa lotta senza quartiere diviene una via attraente, seppure inafferrabile, ma legata con fili indissolubili all'attimo presente, all'attimo vissuto. E quest'attimo, a sua volta, è così ricco della durata, confluente e defluente, del cui ingorgo in se stesso offre, per un istante, una visione cosciente, che tale ricchezza investe di sé anche il passato e il perduto, e adorna del valore dell'esperienza ciò che già allora, inavvertitamente, è trascorso. Per cui, accade che, con melanconica e meravigliosa paradossalità, sia la frustrazione il momento del valore: il pensare e il vivere ciò che la vita ha negato, la fonte dalla quale sembri rampollare la pienezza della vita. Assume qui figura il totale distacco da ogni compimento del senso, ma la raffigurazione si solleva a ricca e rotonda compiutezza di un'effettiva totalità vitale.

È questo l'elemento essenzialmente epico di tale rammemorare. Nel dramma (e nell'epopea), il passato o non esiste o è del tutto presente. Dal momento che tali forme non conoscono il fluire del tempo, non v'ha in esse alcuna differenza qualitativa dell'esperienza di passato e presente; il tempo non possiede alcuna forza di mutazione, dal tempo non viene a essere né esaltata né sminuita l'importanza d'alcunché. È questo il senso formale delle scene, tipizzate da Aristotele, di smascheramenti e agnizioni: qualcosa è sconosciuto, pragmaticamente, agli eroi del dramma, che ora entra nel loro campo visivo, ed essi, nel mondo alterato da quest'intervento, si trovano nella necessità di comportarsi diversamente da come avrebbero voluto. Ma l'elemento che ora interviene non è reso più pallido da una prospettiva temporale: rispetto al presente, esso è un congenere e un equivalente. Allo stesso modo, anche nell'epopea, il fluire del tempo nulla cangia: Hebbel poteva riprendere tale e quale dal *Nibelungenlied* l'impossibilità di dimenticare, purissimamente drammatica, la premessa della vendetta in Crimilde e in Hagen, così come per l'anima di ogni figura della *Divina Commedia* ciò che, della sua vita terrena, è in essa vivo, risulta tuttora astante, esattamente come lo è Dante, che con essa parla, esattamente come lo sono il girone della pena o la sfera della grazia, cui l'anima è stata mandata. Per l'esperienza lirica del passato, essenziale è soltanto il mutamento. La lirica non conosce alcun oggetto raffigurato come tale, il quale possa starsene nello spazio irrespirabile dell'a-temporalità, ovvero nell'atmosfera della trascorrenza: la lirica raffigura il processo del rammemorare ovvero del dimenticare, e l'oggetto non è che un'occasione all'esperienza.

Soltanto nel romanzo e in singole forme epiche a esso affini, è insita una memoria creatrice, che coglie l'oggetto e l'oggetto trasforma. Il genuinamente epico di questo rimembrare è l'asseveramento, nell'esperienza, del processo vitale. Il dualismo di interiorità e mondo esterno può essere qui sospeso per il soggetto, a patto che il soggetto consideri l'organica unità della sua intera vita quale il concrescere del suo vivente presente dalla corrente vitale trapassata, condensata nella memoria. Il superamento del dualismo, e dunque il cogliere e implicare l'oggetto, fa di quest'esperienza l'elemento di una forma genuinamente epica. La pseudo-lirica da stato d'animo del romanzo della disillusione rivela il proprio carattere soprattutto in ciò, che nell'esperienza mnemonica oggetto e soggetto sono perspicuamente scissi l'un dall'altro:

la memoria afferra, dal punto di vista della presente soggettività, la discrepanza che corre tra l'oggetto, qual esso è risultato essere in realtà, e il suo archetipo, lo sperato ideale del soggetto. La spigolosità e la mancanza di felicità di una simile raffigurazione rampollano non tanto dalla sconsolatezza del contenuto raffigurato, quanto dalla dissonanza, mantenuta in vigore nella forma; vale a dire dal fatto che l'oggetto dell'esperienza si costruisce secondo le leggi formali del dramma, laddove la soggettività che lo esperisce è di carattere lirico. Dramma, lirica ed epica non sono tuttavia coinvolti — in qualsivoglia ordine gerarchico li si pensi —, quali tesi, antitesi e sintesi, in un processo dialettico, ma ognun d'essi è un modo, agli altri qualitativamente del tutto eterogeneo, della raffigurazione del mondo. La positività di ognuna delle tre forme consiste dunque nel soddisfacimento delle sue proprie leggi strutturali; l'asseveramento della vita, che sembra promanare da essa quale stato d'animo, null'altro è se non la composizione delle sue dissonanze, richieste dalla forma, e l'affermazione della sua propria sostanza, frutto della forma. La struttura obiettiva del mondo del romanzo è rivelatrice di una totalità eterogenea, regolata solo da idee regolative, il cui senso è meramente proposto, non posto in partenza. Ne consegue che l'unità di personalità e mondo, che nella memoria balugina, è, nella sua essenzialità soggettivo-costitutiva, obiettivo-riflessiva, il mezzo più profondo e più genuino per attuare la totalità richiesta dalla forma del romanzo. Il ricordo è il rimpatriare del soggetto in se stesso, un ritorno che in quest'esperienza si fa evidente, così come il presentimento e l'esigenza di questo ritorno in patria son sottesi all'esperienza della speranza. È questo ritorno in patria che successivamente porta a compimento, in forma d'azione, tutto ciò che si è iniziato, si è interrotto, si è lasciato cadere; nello stato d'animo insito in quest'esperienza, vien superato il carattere lirico proprio dello stato d'animo, in quanto riferito al mondo esterno, alla totalità vitale; e l'intuizione, che coglie questa unità, si sottrae, proprio a cagione di questo rapporto con l'oggetto, all'analisi che vorrebbe farla a pezzi: essa diviene l'intelligenza presentente-intuitiva dell'inaccesso, e pertanto ineffabile, senso della vita, il nocciolo, fattosi perspicuo, di tutte le azioni.

Conseguenza naturale dell'aspetto paradossale di questa forma d'arte è che i romanzi davvero grandi mostrano una certa tendenza a trascendere a epopea. L'*Éducation sentimentale* è in questo campo l'unica vera eccezione, ed è dunque, più d'ogni altra opera, tipica per la forma del romanzo. Nella raffigurazione del flusso temporale e del suo rapporto col centro artistico dell'intera opera, questa tendenza si rivela con la massima chiarezza. Il *Hans im Glück* di Pontoppidan, che forse, di tutti i romanzi del XIX secolo, è quello che più si avvicina ai grandi raggiungimenti flaubertiani, definisce l'obiettivo, il cui conseguimento fonda e conchiude la sua totalità vitale, in maniera troppo contenutisticamente concretizzata e con accentuazione eccessiva, perché alla fine ne risulti quella compiuta, vera unità epica di cui s'è detto.

Certo, anche·per Pontoppidan, la via è qualcosa di più che non quella di un inevitabile inasprimento dell'ideaie; si tratta della necessaria traversa. che bisogna imboccare, perché altrimenti la meta permarrebbe vuota e astratta, e attingervi sarebbe privo di valore. Ma la circuizione un valore lo ha solo in rapporto a questa meta definita, e il valore, che di questo rapporto è il frutto, è tuttavia solo quello insito nello sviluppo attuato, e non già nel processo di sviluppo. Qui, l'esperienza del tempo rivela dunque una sommessa tendenza al trascendimento a drammatico, alla separazione direttiva di portato del valore e di diserto dal senso, separazione che è, sì, superata con meraviglioso tocco, ma le cui tracce, i resti di un dualismo non del tutto sanato, non possono essere completamente cancellate.

L'idealismo astratto e il suo profondo rapporto con la patria, meta temporale trascendente, rendono necessaria questa maniera raffigurativa. Di conseguenza, la maggior opera di questo tipo, il *Don Chisciotte,* doveva rivelare una ancor più robusta tendenza, e ciò in obbedienza ai suoi fondamenti formali e storico-filosofici, a trascendere verso l'epopea. Nel *Don Chisciotte,* gli accadimenti son quasi a-temporali, essi costituiscono una colorata serie di avventure isolate e in sé concluse, e la chiusa del romanzo porta, sì, a compimento il tutto secondo il principio e col pieno rispetto del problema, ma essa corona soltanto e appunto il tutto, e non già la concreta somma delle parti. È questo l'aspetto epico del *Don Chisciotte,* la sua meravigliosa serenità, il suo rigore, esente da atmosfere di sorta. Certo, è soltanto la raffigurazione che per tal modo si solleva sottraendosi al fluire del tempo, in regioni più pure: quanto al fondamento vitale, che di quello è il veicolo, non è affatto a-temporale e mitico, bensì un portato del fluire del tempo, che a ogni particolare trasmette una traccia di questa sua origine; accade semplicemente che i raggi della certezza, folle e demonica insieme, in una patria non esistente, trascendente, intercettino le ombre e le sfumature di questa nascita, e a tutto impartiscano, con la loro luce, contorni netti. Tuttavia, questi raggi non possono indurre la dimenticanza, perché è proprio a questo singolo e unico superamento del gravame temporale che l'opera deve il suo irripetibile miscuglio di aspra serenità e possente melanconia. Qui e altrove, non è già l'ingenuo poeta Cervantes che supera i pericoli, a lui ignoti, della forma che va trattando, e scopre un'improbabile perfezione, ma a farlo è il visionario, nell'intuizione del momento storico-filosofico destinato a mai più ripetersi. La sua visione sbocciò nell'esatto punto di scissione di due epoche storiche, egli le riconobbe e le afferrò, sollevando la più confusa e smarrita problematica nella sfera lucente della trascendenza del tutto redenta, interamente tradotta in forma. I predecessori e gli eredi della sua forma, l'epica cavalleresca e il romanzo d'avventure, rivelano i pericoli connessi alla forma stessa, la quale rampolla dal proprio trascendere a epopea, è frutto della sua propria incapacità a raffigurare la *durée*: e il pericolo consiste nella banalità, nella tendenza alla letteratura amena. È questa la necessaria problematica di questo tipo di romanzo, esattamente come il disfacimento, l'informità, frutto dell'impossibilità di dominare il peso eccessivo e l'eccessiva potenza del tempo presente, costituisce il pericolo dell'altro tipo di romanzo, quello della disillusione.

3

Dal punto di vista estetico, come da quello storico-filosofico, il *Wilhelm Meister* occupa una posizione intermedia tra questi due tipi di raffigurazione: il suo tema consiste nella conciliazione dell'individuo problematico, guidato dal vissuto ideale, con la realtà concreta, sociale. Tale conciliazione non può e non deve essere un auto-appagamento, né tanto meno un'armonia prestabilita, la quale, nel caso specifico, avrebbe condotto il *Wilhelm Meister* a identificarsi col tipo, già allora caratterizzato, del romanzo umoristico moderno, con la differenza che, in questo caso, il ruolo principale toccherebbe al male, la cui esistenza là è imprescindibile. (*Soll und Haben* di Freytag costituisce un esempio che fa epoca di quest'obiettivazione della mancanza di idee é del principio antipoetico.) Tipo umano e struttura dell'azione son dunque qui condizionati dalla necessità formale, che vuole la conciliazione di interiorità e mondo problematica, epperò possibile; che la vuole, sì, ricercata nel corso di aspre battaglie e lunghi errori, e tuttavia ammette la possibilità di trovarla.

Ne consegue che l'interiorità, di cui parliamo, si situa a uguale distanza dai due tipi analizzati sopra: il suo rapporto col mondo trascendente delle idee è elastico, allentato, sia dal punto di vista soggettivo che da quello obiettivo, ma l'anima fondata solo su se stessa, non porta il proprio mondo alla perfezione di una realtà in sé compiuta o che al compimento si protende, una realtà che si contrapponga, quale postulato e potenza concorrente, alla realtà esterna, ma porta in sé, quale segno di un legame molto tenue, ma non del tutto spento, con l'ordine trascendentale, la nostalgia per una patria dell'al di qua, la quale corrisponda — in senso positivo, in maniera nebulosa: ma con chiarezza allorché si tratti di negare — all'ideale. Tale interiorità è dunque da un lato un idealismo, fattosi più ampio e perciò più pacato, più duttile e insieme più concreto, e dall'altro un altrettale ampliamento dell'anima, che vuole vivere liberamente agendo, intervenendo sulla realtà, e non già contemplativamente. Così accade che siffatta interiorità si situi tra idealismo e romanticismo e, in quanto tenti di sintetizzare in sé e di superare questo e quello, venga dall'uno e dall'altro dichiarata un compromesso, e come tale respinta.

Da questa possibilità, offerta dal tema, di intervenire, agendo, sulla realtà sociale, deriva che di maggior momento è, per il tipo umano con cui si ha qui a che fare, l'articolarsi di mondo esterno, vocazione, estrazione e classe, quali sostrato dell'agire nell'ambito della società. L'ideale che in questi uomini vive e ne determina le azioni, ha dunque come contenuto e scopo quelli di ricercare, nelle immagini della società, nessi e avveramenti per i più intimi recessi dell'anima. Con ciò, però, almeno postulativamente, viene a essere revocato l'isolismo dell'anima. Quest'efficacia presuppone una comunità umana e interiore, una comprensione e una possibilità di collaborazione in rapporto a ciò che, tra gli uomini, è considerato l'essenziale. Questa comunità, tuttavia, non è né il radicamento ingenuo e spontaneo nei nessi sociali, con la conseguente naturale solidarietà della mutua appartenenza (come accadeva nelle antiche epopee), e neppure una mistica esperienza di comunione, la quale si lasci alle spalle, dimenticandosene, l'isolata individualità, come alcunché di provvisorio, di rigido e di peccaminoso, al cospetto della luce, all'improvviso manifestantesi, di quest'illuminazione: si tratta invece di un mutuo affinarsi e adattarsi di personalità, prima solitarie e limitate unicamente in se stesse; del frutto di una rassegnazione che è ricca e che arricchisce, del coronamento di un processo educativo, di una maturità conquistata a prezzo di lunghe lotte. Contenuto di tale maturità è un ideale di libertà umana, la quale comprenda in sé e asseveri tutte le immagini della vita consociata, quali forme necessarie della comunità umana, e in pari tempo però scorga in esse soltanto l'occasione al conseguimento di questa essenziale sostanza della vita, e di quelle forme si appropri, non nel loro rigido essere in sé giuridico-statale, bensì quali necessari strumenti per raggiungere mete che li travalicano. L'eroicità dell'astratto idealismo e la pura interiorità del Romanticismo vengono dunque ammesse come tendenze, relativamente giustificate, epperò da superare, inserendole nell'ordine interno; in sé e per sé, tali tendenze appaiono altrettanto riprovevoli e condannate al tramonto dell'auto-conciliazione con ogni ordinamento esterno, il quale è ancora così privo d'idee semplicemente per il fatto di essere l'ordine dato: a esempio, il filisteismo.

Un nesso tra ideale e anima, siffattamente strutturato, non può che relativizzare la posizione centrale dell'eroe: la quale è meramente casuale; l'eroe vien tratto fuori dallo sterminato numero dei suoi pari animati dalle stesse aspirazioni, viene situato in posizione centrale, solo perché proprio il suo cercare e trovare mette in luce, con la massima perspicuità, il carattere di somma del mondo. Ma nella torre, luogo deputato degli anni di noviziato di Wilhelm Meister, han luogo, frammezzo a molti altri, anche i noviziati di Jarno e Lothario e di altri membri della corporazione, e il romanzo contiene, nelle memorie della committente, un esatto parallelo del processo educativo. Certo, anche il romanzo della disillusione conosce un simile, casuale centralismo della figura principale (laddove l'idealismo astratto doveva di necessità servirsi di un eroe caratterizzato dal suo isolismo e posto nel punto centrale), ma questo non è che un ulteriore mezzo per sottolineare la degradazione indotta dalla realtà: nell'indispensabile fallimento di ogni interiorità, ogni singolo destino null'altro è se non un episodio, e il mondo si compone dell'infinito numero di simili episodi, isolati, l'uno all'altro eterogenei, i quali sono legati, unico destino comune, appunto dall'inevitabilità del fallimento. Qui, invece, il fondamento relativistico della concezione del mondo rappresenta la possibilità di riuscita degli sforzi rivolti a un obiettivo comune; le singole figure vengono a essere, mediante la comunanza del destino, intimamente legate l'una all'altra, laddove nel romanzo della disillusione il parallelismo dei diagrammi vitali non poteva che accentuare vieppiù la solitudine dei singoli uomini.

Nel *Wilhelm Meister,* dunque, si va anche alla ricerca di una via intermedia tra la condizione dell'esser completamente rivolti all'azione dell'idealismo astratto, e l'azione meramente interna, divenuta contemplazione, del Romanticismo. L'umanità, quale sentimento fondamentale di questo tipo di raffigurazione, esige un equilibrio di attività e contemplazione, di volontà d'intervento sul mondo e di capacità d'inventariare il mondo. A questa forma si è voluto dare il nome di *Erziehungsroman* (« romanzo pedagogico »). E a ragione, dal momento che la sua azione dev'essere un processo volto a un obiettivo definito, un processo conscio e ben condotto, lo sviluppo, negli uomini, di qualità che, senza un simile intervento fattivo di altri uomini e di casi fortunati, non sarebbero mai pervenute a fioritura; e, ancora, perché ciò che per tal modo si è raggiunto costituisce, per gli altri, alcunché di formativo e di stimolante, lo stesso raggiungimento è un mezzo. pedagogico. L'azione, che dall'obiettivo in questione è comandata, possiede in certa misura la tranquillità della sicurezza. Non si tratta però dell'aprioristica placidità di un mondo raccolto: a creare quest'atmosfera di assenza del pericolo è la volontà, conscia della propria meta e certa di pervenirvi, diretta alla formazione pedagogica. In sé e per sé, questo mondo non è affatto esente da pericoli: si è costretti ad assistere alla sparizione di intere legioni di uomini, a causa della loro incapacità di adattamento, e si deve assistere all'inaridimento e allo intristimento di altri uomini, indottivi dalla loro precipitosa e incondizionata resa di fronte a ogni realtà; solo così si può valutare il pericolo cui tutti sono esposti, e contro al quale si dà, sì, per ognuno, una via alla salvezza individuale, non però quella della redenzione aprioristica. Ma di vie del genere ve ne sono, e un'intera collettività di uomini — aiutandosi a vicenda, di tanto in tanto magari inciampando in errori e sbandamenti —, la vediamo percorrere, queste vie, vittoriosamente, sino alla fine. E ciò che per molti è divenuto realtà, necessariamente dev'essere aperto, almeno come possibilità, a tutti.

Possiamo dunque dire che il sentimento fondamentale di forza e sicurezza sotteso a questa forma di romanzo, promana proprio dalla relativizzazione della sua figura centrale, la quale a sua volta è comandata dalla fede nella possibilità della comunanza di destini e di raffigurazioni vitali. Non appena questa fede scompaia — ciò che, dal punto di vista formale, significa: non appena l'azione si eriga sulle sorti di un singolo uomo, il quale transiti, sì, per una comunità, apparente o reale che sia, ma il cui destino, però, in essa comunità non sfoci —, la maniera della raffigurazione deve subire un sostanziale rimaneggiamento e accostarsi a quella che caratterizza il romanzo della disillusione. L'isolismo, infatti, qui non è né casuale né, d'altra parte, esso testimonia contro l'individuo: l'isolismo significa piuttosto che la volontà di pervenire all'essenziale mena fuori del mondo delle immagini e delle comunità, e che una comunanza è possibile soltanto alla superficie, sulla base del compromesso. Se con ciò anche la figura centrale diviene problematica, questa sua problematica non riposa nelle sue cosiddette « false tendenze », bensì nel fatto che essa si era proposta di attuare, nel mondo, la parte più intima di sé. L'aspetto pedagogico che questa forma conserva ancora e che la distingue nettamente dal romanzo della disillusione, consiste in ciò, che il definitivo pervenire dell'eroe a una rassegnata solitudine non significa un completo crollo né un insudiciamento degli ideali, bensì la comprensione della discrepanza tra interiorità e mondo, un fattivo avveramento dell'intelligenza di questo dualismo: l'adattamento alla società nella rassegnata integrazione nelle sue forme vitali, e la chiusura in se stessa e l'autodifesa dell'interiorità attuabile soltanto nell'anima. L'atto del definitivo pervenire alla rassegnata solitudine esprime la condizione del mondo presente, non è però né una protesta contro di essa né il suo asseveramento: esso è solo uno sperimentare e comprendere; uno sperimentare che tende verso la contrapposizione all'uno e all'altro dei due atteggiamenti e che, nell'impossibilità di auto-attuazione dell'anima nel mondo non scorge soltanto l'inessenzialità del mondo stesso, bensì anche l'interna debolezza dell'anima. Certo, nella maggior parte dei singoli casi, i confini tra questo tipo, post-goethiano, di *Erziehungsroman* e quello della disillusione spesso sono incerti. La prima stesura del *Grünen Heinrich* lo manifesta forse con la massima evidenza, laddove la stesura definitiva batte, in maniera chiara e decisa, la via comandata dalla forma. Ma la possibilità, benché evitabile, di questo confluire dei limiti rivela il grande pericolo che minaccia questa forma, anche a partire dai suoi fondamenti storico-filosofici: il pericolo, cioè, di una soggettività non archetipa, non divenuta simbolo, destinata, stando così le cose, a far saltare la forma epica. Ciò perché, se si dà tale premessa, tanto l'eroe quanto il destino sono, se questo è possibile, alcunché di meramente individuale, e il tutto diviene una sorte individuale esposta in un racconto autobiografico, come se a un individuo particolare fosse riuscito di trovare un accomodamento con un dato mondo circostante. (Il romanzo della disillusione controbilancia l'accentuata soggettività degli uomini mediante l'onnipotenza schiacciante e livellatrice del destino.) E questa soggettività è più difficile da togliere di mezzo di quanto non sia quella del tono narrativo: a tutto ciò che vien rappresentato essa attribuisce — anche qualora dal punto di vista tecnico la raffigurazione sia condotta nella maniera più compiutamente obiettiva — il fatale carattere di grettezza e insignificanza dell'esclusivamente privato; ciò che vien raffigurato, resta un aspetto che perde di vista la totalità, in maniera resa ancor più imbarazzante dal fatto che in ogni istante tale aspetto avanza la pretesa di raffigurare appunto una totalità.

La stragrande maggioranza dei moderni *Erziehungsromane* è incappata senza scampo in questo pericolo.

La struttura degli uomini e dei destini nel *Wilhelm Meister* determina la costruzione del mondo sociale circostante. Anche qui, si tratta di una condizione intermedia: le immagini della vita consociata non sono le copie di un mondo stabile e certo, di un mondo trascendente, e neppure di un ordine in se stesso conchiuso e chiaramente articolato, che si sostanzii a meta unica; in tal caso, infatti, da questo mondo sarebbero escluse la ricerca e la possibilità dell'errore. Le immagini non costituiscono, però, neppure una massa amorfa, perché altrimenti l'interiorità, che ha di mira l'ordine, dovrebbe, nel loro ambito, restare sempre senza patria, e il raggiungimento della meta sarebbe, in partenza, impensabile. Il mondo sociale deve pertanto divenire un mondo della convenzione, il quale è però in certa misura accessibile a una penetrazione da parte del senso vivente.

Con ciò fa il suo ingresso nel mondo esterno un nuovo principio di eterogeneità: la gerarchia irrazionale e non razionalizzabile delle diverse immagini e dei diversi strati di immagini, dopo che son stati penetrati dal senso, il quale, in questo caso, non significa punto alcunché di obiettivo, bensì la possibilità di un'attuazione della personalità. L'ironia, come fattore plasmativo, cresce qui a una importanza assolutamente decisiva, dal momento che in sé e per sé a nessun'immagine può essere attribuito ovvero negato il senso, dal momento che questa sua qualificazione ovvero improprietà non può essere resa chiara fin dal principio, ma può manifestarsi soltanto nell'interscambio con l'individuo; tale necessaria duplicità di significato viene a trovarsi vieppiù accentuata dal fatto che non si può accertare nei singoli interscambi se l'adeguatezza o l'inadeguatezza delle immagini all'individuo costituisce una vittoria oppure un fallimento di questo, o addirittura un giudizio sull'immagine. Ma quest'ironico asseveramento della realtà — ché questo oscillare getta luce perfino su quanto maggiormente è deserto di idee — non è che uno stadio intermedio: il compimento dell'opera pedagogica deve necessariamente idealizzare, romantizzare determinate parti della realtà, e altre invece, quali orbe di senso, lasciarle scadere alla prosa. D'altro canto, però, l'atteggiamento ironico non può essere sovrapposto anche al ritorno in patria e al suo veicolo, abbandonando il campo a un incondizionato asseveramento. Tali obiettivizzazioni della vita consociata, infatti, non sono che occasioni al farsi, evidentemente e fruttuosamente, azione di qualcosa che sta al di là di esse, e l'omogeneizzazione ironica e premessa della realtà, alla quale le obiettivizzazioni stesse debbono il loro carattere di realtà — la loro essenza, impenetrabile ad aspetti e tendenze, la loro esistenza autonoma nei confronti di questi e quelli — non può esser tolta di mezzo neppure qui, senza mettere a repentaglio l'unità del tutto. Il mondo raggiunto, significativo e armonico, è dunque altrettanto reale e ha le stesse caratteristiche della realtà dei diversi gradini che conducono all'abbandono definitivo del senso, e della frammentaria penetrazione del senso, che precede il mondo, lungo la strada dell'azione.

In questa cadenza ironica della raffigurazione romantica della realtà, è insito l'altro grande pericolo proprio di questa forma del romanzo, cui solo a Goethe, e anche a lui solo in parte, è riuscito di sfuggire: si tratta del pericolo della romantizzazione della realtà spinta fino a un ambito che è del tutto al di là della realtà stessa, oppure, ciò che rende ancor più perspicuo il pericolo propriamente artistico, in una sfera del tutto a-problematica, del tutto meta-problematica, per la quale più non son sufficienti le forme raffigurative del romanzo. Novalis, che proprio a tale proposito ha respinto come prosaica e antipoetica la creazione goethiana, contrappone la trascendenza attuata nel reale, la favola quale meta e canone della poesia epica, alla maniera raffigurativa del *Wilhelm Meister*. « I *Wilhelm Meisters Lehrjahre* sono », egli scrive, « in certa misura del tutto prosaici e moderni. Il romantico vi fa naufragio, e con esso la poesia della natura, il meraviglioso; vi si tratta solo di cose quotidiane, cose umane, dimenticando completamente la natura e il misticismo. Si tratta di una storia borghese e casalinga, poetizzata. Il meraviglioso vi viene trattato espressamente quale poesia e stravaganza. L'ateismo artistico, ecco lo spirito del libro... il quale è in sostanza... impoetico al massimo grado, per quanto poetica sia la rappresentazione. » A sua volta, non è affatto per caso, bensì per l'enigmatica, e purtuttavia così profondamente razionale, affinità elettiva tra sentimento e materia, che Novalis si riconduce, con siffatte tendenze, al tempo dell'epica cavalleresca. Anche egli vuole, al pari dell'epica cavalleresca (qui si parla naturalmente di un'aprioristica comunanza delle aspirazioni, e non di un « influsso », più o meno diretto, di qualsivoglia genere), raffigurare una totalità della trascendenza divenuta manifesta, conchiusa nell'al di qua. Ne consegue che questa sua stilizzazione, esattamente come quella dell'epica cavalleresca, deve avere a proprio obiettivo la favola. Mentre però gli epici del Medioevo, mossi dal loro sentimento appunto epico, ingenuo e spontaneo, pervenivano alla raffigurazione del mondo dell'al di qua, e per loro la presenza endoraggiante della trascendenza, e con essa la trasfigurazione della realtà, null'altro era se non un regalo della loro situazione storico-filosofica, per Novalis questa realtà di favola, quale restaurazione di una frantumata unità di realtà e trascendenza, diviene meta conscia della raffigurazione. Ragion per cui, però, qui la sintesi onnideterminante non può essere condotta a termine senza residui. La realtà è soverchiamente caricata e gravata dal peso terreno della sua vedovanza di idee, e il mondo trascendente è troppo aereo, troppo privo di contenuto, a cagione della sua immediata, diretta derivazione dalla sfera filosofico-postulativa dell'astratto assoluto, per poter organicamente partecipare alla raffigurazione di una totalità vivente. Per cui la frattura artistica, che Novalis, con tanta perspicacia, scopre in Goethe, nella sua opera è ancor maggiore, si è fatta del tutto incolmabile: la vittoria della poesia, la sua sovranità trasfigurante e redentrice sull'intero universo, non ha in sé la forza costitutiva di tirarsi appresso in questo paradiso tutto il residuo terreno e prosaico. La romantizzazione della realtà orpella la realtà stessa semplicemente di una lirica apparenza di poesia, la quale non si lascia tradurre in dati concreti, in epica, ragion per cui l'effettiva raffigurazione epica mette vieppiù in risalto, e insieme inasprisce, la problematica goethiana, ovvero viene a essere rivestita di riflessioni liriche e descrizioni di stati d'animo. La stilizzazione di Novalis resta pertanto meramente riflessiva, una stilizzazione che copre, sì, in superficie, il pericolo, ma che in sostanza non fa che renderlo più acuto. Ché la romantizzazione lirico-atmosferica delle immagini del mondo consociato non può in nessun modo rapportarsi alla sua armonia nient'affatto prestabilita in partenza, vista la condizione presente dello spirito, rispetto alla vita essenziale dell'interiorità, poiché la via di Goethe, volta alla scoperta di un equilibrio che qui è ironicamente instabile, che è istituito a partire dal soggetto e, nei limiti del possibile, non pregiudica le immagini, viene da Novalis respinta, a Novalis stesso non se ne apre alcun'altra, che non sia quella di poetizzare le immagini liricamente nel loro essere obiettivo, e con ciò di creare un mondo bello e armonico, ma che non esce da sé, che è privo di nessi, e che è legato tanto alla trascendenza finalmente divenuta reale, quanto all'interiorità problematica soltanto riflessivamente, soltanto atmosfericamente, non però epicamente, e pertanto non è in grado di divenire vera totalità.

Ma neppure in Goethe il superamento di questo pericolo avviene senza problematica. Per quanto fortemente si accentui l'essenzialità potenziale e soggettiva della penetrazione del senso per la sfera del raggiungimento sociale, il concetto di comunità, che sopporta l'intero edificio, prescrive che le immagini possiedano qui una sostanzialità maggiore, più obiettiva, e quindi una più genuina congruità, rispetto ai soggetti mossi dal dovere, di quanta non ne fosse data alle sfere sormontate. Questa abolizione della problematica di fondo non può però che avvicinare il romanzo all'epopea; tuttavia, è altrettanto impossibile concludere a epopea ciò che come romanzo si è iniziato, di quanto lo sia il tentativo di arrestare questo trascendere mediante una nuova raffigurazione ironica e rendere del tutto omogenea la restante massa del romanzo. Ne deriva che all'atmosfera teatrale, meravigliosamente unitaria, nata dal vero spirito del romanzo, deve contrapporsi il trascendente, e dunque frammentario mondo della nobiltà, quale simbolo dell'effettiva sovranità sulla vita. È vero: l'interiorizzarsi della condizione è raffigurato con maggior forza epico-sensibile mediante il ricorso ai matrimoni che concludono il romanzo. Di conseguenza, anche l'obiettiva superiorità di stato, rispetto a una condizione semplicemente favorevole a una vita libera e ricca, viene avvilita, epperò essa si apre a chiunque possieda i presupposti interni e indispensabili per raggiungerla. Nonostante queste restrizioni ironiche, lo stato di cui si parla è pur sempre sospeso a un'altezza di sostanzialità, per cui esso è, interiormente, adatto: nel suo ambito, ancorché ridotto a un cerchio limitato, dovrà spiegarsi una fioritura culturale, generale e diffusa, in grado di assumersi la soluzione dei più disparati destini individuali; sul mondo, delimitato ed edificato dal primo stato, quello nobiliare, deve spandersi, in parte almeno, lo splendore metaproblematico dell'epopea. E a questa immanente conseguenza della situazione di fondo, neppure la grandissima abilità artistica di Goethe, col suo continuo introdurre e far emergere nuovi problemi, può sottrarsi. Ma in questo mondo, con la sua corrispondenza meramente relativa alla vita essenziale, non v'ha alcun elemento in grado di offrire la possibilità di una siffatta stilizzazione. Per questo, era necessario, all'iniziazione alla possente preveggenza, all'onnisapienza, l'apparato, tanto biasimato e fantastico, degli ultimi libri, la misteriosa torre. Goethe dà qui mano ai mezzi raffigurativi dell'epopea (romantica), e se egli questi mezzi, che gli erano assolutamente necessari ai fini della raffigurazione dell'importanza sensibile e del peso della conclusione, li avesse anch'essi sviliti mediante un trattamento troppo ironicamente leggero, se avesse cercato di spogliarli del loro carattere epico e di trasformarli in elementi della forma del romanzo, si sarebbe condotto a un fallimento. La sua ironia plasmatrice, capace di provvedere di arricchente sostanza ciò che della plasmazione era indegno, e di captare con l'immanenza della forma ogni movimento trascendente, e questo in ogni altro luogo della sua opera, può qui giungere soltanto a svalorizzare il meraviglioso, scoprendone il carattere giocoso, arbitrario e, ai fini della conclusione, inessenziale, non però impedire che questo frantumi l'unità melodica dell'insieme, rendendola dissonante: il meraviglioso diviene così una combinazione di enigmi, senza che vi sia nascosto un senso segreto, un motivo dell'azione fortemente accentuato, privo però di vera importanza, un orpello giocoso orbo di grazia ornamentale. E tuttavia, il meraviglioso in questione è qualcosa di più di una concessione al gusto dell'epoca (come sostengono, scusando, alcuni), e nonostante tutto è assolutamente impossibile pensare in qualche modo il *Wilhelm Meister* privo di questo « meraviglioso » pur così inorganico. A costringere Goethe a servirsene, è stata una necessità essenziale, formale; e il ricorso al mezzo doveva dar cattivo esito, in quanto il mezzo stesso, corrispondentemente alla concezione del mondo del poeta, rimandava a una forma meno problematica di quanto non consentisse il suo sostrato, l'epoca da raffigurare. Anche qui è il sentimento utopistico del poeta che non riesce a tenere il passo con le linee direttive della problematica imposta dall'epoca, e non riesce a consolarsi con la considerazione e l'esperienza soggettiva di un senso inattuabile; è il sentimento utopistico del poeta che costringe a porre un'esperienza meramente individuale, che potrebbe raggiungere validità universale solo postulativamente come senso esistente e costitutivo della realtà. Tuttavia, la realtà non può essere spinta di forza fino al livello del senso e — come nel caso di tutti i decisivi problemi delle grandi forme — non v'ha ancora un'arte della raffigurazione così grande e di tale maestria, la quale permetta di colmare quest'abisso.

4

Questo trascendere a epopea permane pur sempre nell'ambito della vita consociata, ed esso infrange l'immanenza della forma solo in quanto presuma la presenza, nei punti decisivi del mondo raffigurando, di una sostanzialità, la quale non sia in nessuna maniera, neppure la più sommessa, in grado di reggere il mondo stesso e di mantenerlo in equilibrio. L'aspirazione al metaproblematico, all'epopea, rimanda qui, tuttavia, soltanto a un ideale, utopico-immanente, di forme e immagini sociali; essa aspirazione, pertanto, non trascende affatto queste forme e immagini, bensì soltanto le loro concrete possibilità, storicamente date, ciò che naturalmente basta alla frantumazione dell'immanenza della forma. Una simile presa di posizione si manifesta soltanto nel romanzo della disillusione, dove l'incongruenza d'interiorità e mondo convenzionale deve condurre a una completa negazione di quest'ultimo. Finché però tale negazione significa null'altro che una presa di posizione interiore, nella forma attuata l'immanenza del romanzo rimane preservata e, qualora si perda l'equilibrio, il discorso da fare è più quello su un processo di colliquazione lirico-psicologica della forma, anziché su un trascendere del romanzo a epopea. (La posizione particolare di Novalis l'abbiamo già esaminata). Il trascendere in questione è però inevitabile, qualora il rifiuto del mondo convenzionale si obiettivizzi in una realtà altrettanto esistente, e questo ripudio polemico riceva, pertanto, forma nella raffigurazione. Una possibilità del genere non era concessa al processo di sviluppo dell'occidente europeo: qui, l'utopistica esigenza dell'anima ha di mira alcunché di inattuabile in partenza, un mondo esterno, cioè, il quale sia congruente a un'anima differenziata e raffinata al massimo, divenuta interiorità. Il rifiuto della convenzione, se non perviene esso stesso alla convenzionalità, approda però da un lato alla estraneità all'anima, propria della convenzionalità, dall'altro alla mancanza, pure propria della convenzionalità, di raffinatezza; da un lato, all'essenza della convenzionalità, estranea alla cultura, meramente frutto di civiltà, dall'altro, alla sua aspra e sterile a-spiritualità. Sempre però — a parte le pure tendenze quasi mistiche, che si dovrebbero definire anarchicheggianti — nelle immagini si accenna a una cultura obiettivizzante, la quale sarebbe congruente all'interiorità. (È questo il punto in cui il romanzo di Goethe finisce per coincidere con questo sviluppo, con la differenza che in esso la cultura in questione viene trovata, donde il ritmo peculiare del *Wilhelm Meister*: il crescente montare dell'aspettativa attraverso gli strati figurativi, che si fanno sempre più essenziali, e ai quali l'eroe perviene con crescente maturità — via via rinunciando in sempre maggior proporzione allo idealismo astratto e al romanticismo utopistico.) Tale critica può pertanto esprimersi solo liricamente. Perfino in Rousseau, la cui *Weltanschauung* romantica ha come contenuto l'allontanamento da ogni mondo di immagini culturali, la polemica assume figura meramente polemica, vale a dire retorica, lirica, riflessiva. Il mondo della cultura europea occidentale ha così profonde radici nell'inevitabilità delle immagini che lo costituiscono, da non essere mai in grado di contrapporvisi, se non polemicamente.

Soltanto la maggior vicinanza alle condizioni primordiali organico-naturali, che costituivano il sostrato sentimentale e raffigurativo della letteratura russa del XIX secolo, ha reso possibile una simile polemica creativa. Facendo seguito al romantico della disillusione di Turgheniev, sostanzialmente «europeo», Tolstoi ha intriso questa forma di romanzo della più forte trascendenza a epopea. Il grande sentimento davvero epico di Tolstoi, lontano da ogni forma di romanzo, tende a una vita che è fondata su uomini più sensibili nei confronti della comunità, più semplici, più intimamente legati alla natura, una vita che è docile al grande ritmo della natura, si muove con la cadenza di nascita e morte, propria della natura, ed esclude da sé tutto quanto è meschino e tende a dissolvere, a distruggere, a cristallizzare le forme innaturali. «Il mugiko muore tranquillamente», scrive Tolstoi, a proposito del suo racconto *Tre morti,* alla contessa Aleksandra Andréjevna Tolstaia. «La sua religione è la natura, con la quale è vissuto in contatto. Egli ha abbattuto alberi, ha mietuto la segale, l'ha macinata, ha sgozzato agnelli, agnelli gli son nati, bambini son venuti al mondo, vecchi son morti, e il mugiko conosce la legge, quella dalla quale non si è mai allontanato, esattamente come la conosce la *barinja*, una legge che egli ha senza infingimenti, in tutta semplicità, guardato negli occhi. ...L'albero muore tranquillo, semplice e bello: bello, perché non mente, perché non storce la bocca, perché non teme niente e non si lamenta di nulla. »

Il paradosso della sua posizione storica, che più di ogni altra cosa comprova fino a che punto il romanzo sia la necessaria forma epica dei nostri giorni, si rivela in ciò, che questo mondo non si lascia tradurre in movimento, in azione, neppure in lui, Tolstoi, che non solo lo contempla, ma anche concretamente, chiaramente e riccamente lo sonda e lo raffigura; nel fatto, ancora, che questo mondo rimane un elemento della raffigurazione epica, non è però la realtà epica esso stesso. Ché il mondo organico-naturale delle antiche epopee era anche una cultura la cui qualità specifica consisteva nel suo carattere organico, laddove il mondo di Tolstoi, posto come ideale, e sperimentato quale natura effettiva, nella sua più intima essenza viene inteso come natura, e come tale contrapposto alla cultura. Che una simile contrapposizione sia necessaria, costituisce l'insolubile problematica dei romanzi di Tolstoi; e ciò, non perché egli non abbia davvero superato in sé la cultura, non già perché il suo rapporto con quello che egli sperimenta e raffigura quale natura sia un rapporto meramente sentimentalistico: non è per ragioni psicologiche che la sua aspirazione all'epopea doveva approdare a una forma di romanzo problematico, bensì a cagione della forma e dei suoi rapporti con il suo sostrato storico-filosofico.

Una totalità di uomini e accadimenti è possibile soltanto sul terreno della cultura, sempreché ci si possa al di sopra di esso porre. E l'elemento decisivo, vuoi quanto a ossatura vuoi quanto a riempimento concretamente contenutistico delle opere epiche di Tolstoi, appartiene pertanto al mondo della cultura da lui respinto come problematico. Dal momento però che la natura, anche se non può arrotondarsi a totalità immanentemente conchiusa e perfetta, è tuttavia lo stesso qualcosa di obiettivamente esistente, nell'opera ne risultano due strati di realtà, i quali sono eterogenei l'uno all'altro, non soltanto quanto a valori, ma anche per ciò che riguarda la qualità del loro essere. E il loro vicendevole rapporto, che solo permette la costruzione di una totalità dell'opera, non può che essere la sperimentazione della via che dall'uno mena all'altro; o, più esattamente, poiché qui la direzione è data in una col risultato della convalida, la via che dalla cultura porta alla natura. Grazie a ciò — ed è la conseguenza paradossale del paradossale rapporto tra il sentimento del poeta e l'epoca che egli si trova dinanzi — il centro dell'intera raffigurazione diviene tuttavia una esperienza sentimentale, romantica: l'insoddisfazione degli uomini, assetati di essenzialità, per tutto ciò che è in grado di offrir loro il circostante mondo della cultura, e la loro ricerca e scoperta, conseguenza di questo ripudio, dell'altra, ben più essenziale, realtà della natura. La paradossalità che è il prodotto di questo tema, viene vieppiù accentuata dal fatto che questa « natura » tolstoiana non possiede la pienezza e la perfezione che permetterebbero a essa, come al mondo concluso di Goethe, il quale è il più relativamente sostanziale, di divenire una patria del raggiungimento e dell'appagamento. La natura di Tolstoi è, piuttosto, null'altro che l'effettiva garanzia, darsi veramente, al di là della convenzionalità, una vita essenziale: una vita cui si può approdare nell'esperienza della completa e genuina individualità, dalla quale però non si può che risprofondare senza scampo nell'altro mondo.

A queste sconsolate conseguenze della sua visione del mondo, che egli tira con l'eroica spietatezza di un poeta storicamente universale, Tolstoi non può sottrarsi neppure grazie alla particolare posizione che attribuisce all'amore e al matrimonio, intermedia tra natura e cultura, nelle quali l'uno e l'altro trovano cittadinanza e sono contemporaneamente stranieri. Nel ritmo della vita naturale, il ritmo del divenire e morire, nient'affatto patetico, bensì spontaneo, l'amore è il punto in cui le potenze che dominano la vita assumono la più concreta e sensibile figura. Ma l'amore come pura forza della natura, come trasporto, non appartiene al mondo della natura tolstoiano: l'amore vi è infatti troppo legato al nesso tra individuo e individuo, e pertanto troppo isolante, dà origine a troppe sfumature e a troppe sottigliezze: è troppo culturale. L'amore, che in questo mondo assume davvero posizione centrale, è l'amore come matrimonio, l'amore come unione — dove il fatto dell'essere uniti e del divenire una sola carne, è più importante di chi vi si trova coinvolto — l'amore come mezzo della nascita; il matrimonio e la famiglia quali veicoli della naturale continuità della vita. Che per tal mezzo si introduca nella costruzione una duplicità concettuale, sarebbe di scarso significato artistico, se questa ambiguità non desse origine a sua volta a un nuovo strato di realtà, eterogeneo agli altri, il quale non può essere posto in alcun rapporto compositivo con le due sfere, in sé e per sé eterogenee; e il quale quindi, quanto più genuinamente è raffigurato, tanto più vigorosamente dovrà tramutarsi nell'antitesi di quello che s'aveva di mira: il trionfo di quest'amore sulla cultura dovrebbe essere una vittoria del primordiale sul falsamente raffinato, ma diviene invece uno sconsolato lasciarsi inghiottire di ogni altezza e grandezza umane dalla natura, la quale vive negli uomini, e che però, in quanto davvero compiutamente viva — nel nostro mondo di cultura — può farlo soltanto quale adattamento alla più bassa, meno spirituale convenzione, la più orba di idee. Di conseguenza, il sentimento dell'epilogo di *Guerra e pace*, della tranquilla atmosfera da stanza dei bambini, in cui il cercare ha finalmente termine, è un sentimento di profonda sconsolatezza, quale lo si trova a conclusione del romanzo problematico della disillusione. Qui, non è rimasto nulla di ciò che prima vi si trovava: come la sabbia del deserto copre e ammanta le

Piramidi, tutto ciò che appartiene all'anima è stato assorbito dalla naturalità animalesca e ridotto a nulla.

Quest'involontaria sconsolatezza della conclusione s'accompagna a una sconsolatezza volontaria: la descrizione del mondo convenzionale. La presa di posizione di Tolstoi, valorizzando e ripudiando, tocca tutti i particolari della rappresentazione. La mancanza di meta e l'insostanzialità di questa vita non s'esprimono solo obiettivamente per il lettore che le penetra con lo sguardo, e neppure quale esperienza del progressivo disinganno, bensì come un vuoto aprioristico, stabile e insieme mobile, una noia priva di quiete. Ogni dialogo e ogni accadimento recano dunque l'impronta di questo giudizio che il poeta ha dato di essi.

A questi due gruppi d'esperienze si contrappone l'esperienza essenziale della natura: in momenti, la cui rarità è pari alla grandezza — si tratta, nella maggior parte dei casi, del momento della morte —, si spalanca all'uomo una verità in cui l'uomo stesso, con subitanea illuminazione, scorge e coglie l'essenza che ha dominio in lui e sopra di lui, il senso, cioè, della sua vita. L'intera vita precedente sprofonda in un nulla, al cospetto di quest'esperienza, tutti i suoi conflitti, e i dolori e i tormenti e gli errori, che dei conflitti stessi sono il prodotto, appaiono meschini e inessenziali. È apparso il senso, e le vie che menano alla vita vivente si spalancano di fronte all'anima. E ancora una volta, qui Tolstoi svela, con la paradossale spietatezza del vero genio, la profondissima problematica della sua forma e dei fondamenti della forma: sono i grandi momenti della morte che dispensano questa decisiva beatitudine — è l'esperienza di Andrej Bolkonsky, ferito a morte sul campo di battaglia di Austerlitz, l'esperienza della fusione di Anna Karenina e di Vronski, al letto di morte della donna —, e la vera beatitudine consisterebbe nel morire adesso, nel poter morire così. Ma Anna guarisce, e Andrej ritorna alla vita, e il grande attimo è sparito senza lasciare tracce: nuovamente si vive nel mondo della convenzione, si è tornati a vivere una vita senza meta e inessenziale. Le strade che il grande istante ha indicato, hanno perduto, col trascorrere dell'attimo stesso, la loro sostanzialità direttrice e la loro realtà; non si può percorrerle, e qualora ci si illuda di vagabondare per esse, in realtà si tratta di un'amara caricatura di ciò che è stato manifestato da quella grande esperienza. (L'esperienza di dio di Ljevin e la conservazione, che a quella fa seguito, di ciò che è stato raggiunto — a dispetto del continuo degradamento psichico — trae origine più dalla volontà e dalla teoria del pensatore che non dalla visione del raffiguratore: si tratta di alcunché di programmatico, che non possiede l'immediata evidenza degli altri grandi istanti). E i pochi uomini, i quali davvero sono in grado di vivere la propria esperienza — forse Platon Karataiev è l'unica figura del genere —, sono necessariamente figure di contorno: ogni accadimento li sfiora senza toccarli, essi non sono mai irretiti, con la loro essenza, negli avvenimenti, la loro vita non si obiettivizza, non è raffigurabile, la si può tutt'al più indovinare, essa si determina soltanto, in senso concretamente artistico, come antitesi agli altri. Uomini del genere sono dei concetti-limite estetici, nient'affatto delle realtà.

A questi tre strati della realtà corrispondono i tre concetti temporali del mondo tolstoiano, e la loro inconciliabilità mette a nudo, con la massima chiarezza, l'interna problematica di queste opere, così ricche e così interiormente strutturate. Il mondo della convenzione è, propriamente, a-temporale: un'uniformità, che eternamente ritorna ed eternamente si ripete, svolgendosi secondo leggi proprie, estranee al senso: un'eterna mobilità, senza direzione, che ignora la crescita come la morte. Le figure si danno il cambio, ma col loro scambiarsi nulla è accaduto, perché ognuna di esse è ugualmente inessenziale, al posto di questa ne può esser messa un'altra, scelta a piacimento. E, che su questo palcoscenico ci si faccia o che da esso ci si ritiri, sempre si tratta della stessa, colorita inessenzialità, che si scopre o alla quale si volge le spalle. Sotto a tutto questo, freme il flusso della natura tolstoiana: la continuità e l'uniformità di un ritmo eterno. E ciò che qui si trasmuta, è anch'esso, soltanto, alcunché di inessenziale: il destino individuale, che vi è implicato, che emerge e sprofonda, la cui esistenza non ha importanza alcuna, davvero in esso fondata, e il cui rapporto col tutto non ne solleva, ma anzi ne distrugge la personalità, il destino individuale, insomma, che per la totalità — quale destino individuale, appunto, non come un elemento della ritmìa, posto accanto a innumerevoli altri elementi, congeneri ed equivalenti — è del tutto privo di momento. E i grandi attimi che fan balenare il presagio di una vita essenziale, di un corso dell'esistenza pregnante, rimangono appunto attimi: attimi isolati dai due altri mondi, senza alcun nesso costitutivo con questi. I tre concetti temporali non sono dunque soltanto eterogenei tra loro e mutualmente inconciliabili, ma, di più, nessuno di essi esprime una vera durata, il tempo reale, l'elemento vitale del romanzo. Il superamento della cultura non ha fatto che ridurre in cenere la cultura, senza mettere al suo posto una vita certa, una vita essenziale; il trascendere della forma del romanzo rende questa ancor più problematica — dal punto di vista puramente artistico, i romanzi di Tolstoi non sono che la dilatazione dei tipi del romanticismo della disillusione, la forma di Flaubert divenuta barocca —, senza che riescano ad accostarsi più di altri all'obiettivo intravisto, alla realtà meta-problematica dell'epopea, in una raffigurazione concreta. Ché il mondo, intravisto e presentito, della natura essenziale, rimane appunto presentimento ed esperienza, e quindi soggettivo e, ai fini della realtà raffigurata, meramente riflessivo; in senso puramente artistico, questo mondo è tuttavia congenere di qualsiasi nostalgia per una realtà più congruente.

Al di là del tipo del romanzo della disillusione, lo sviluppo non è pervenuto, e la letteratura di questi ultimi tempi non denota la possibilità di un nuovo tipo di narrativa, essenzialmente creatrice: si ha a che fare con un eclettismo da epigoni, i quali combinano precedenti maniere raffigurative, un eclettismo che sembra avere forza produttiva soltanto in senso formale, inessenziale, lirico e psicologico.

Tolstoi stesso assume una duplice posizione. In una trattazione volta puramente a considerazioni formali — che tuttavia proprio in lui non è in grado di colpire il nucleo decisivo del suo sentimento, e neppure quello del mondo da lui raffigurato — non si può che considerarlo quale il termine ultimo del romanticismo europeo, anche se, nei pochi momenti davvero grandi della sua opera, che certo furono intesi soltanto formalmente, soltanto in rapporto al tutto raffigurato nell'opera, soltanto soggettivamente e riflessivamente, v'è l'indicazione di un mondo perspicuamente differenziato, concreto ed esistente, il quale, se a totalità potesse espandersi, sarebbe del tutto inaccessibile alle categorie del romanzo e richiederebbe una nuova forma di raffigurazione: la rinnovata forma dell'epopea.

È nella sfera di una pura realtà dell'anima, in cui faccia la sua apparizione l'uomo come uomo — non già come ente sociale, e neppure però quale interiorità isolata e incomparabile, pura e pertanto astratta — che, qualora essa fosse presente come spontaneità ingenuamente vissuta, come l'unica vera verità, potrebbe strutturarsi una nuova e perfetta totalità di tutte le sostanze e i rapporti in essa possibili: questa sfera si lascerebbe alle spalle la nostra realtà scissurata, se ne servirebbe come di uno sfondo, esattamente come il nostro mondo dualistico, sociale, « interiore » si è lasciato alle spalle il mondo della natura. Ma questa metamorfosi non potrà mai essere compiuta a partire dall'arte: la grande epica è una forma collegata all'empeiria del momento storico, e ogni tentativo di raffigurare l'utopico come effettivamente esistente finisce per distruggere la forma, non già col creare una realtà. Il romanzo è la forma dell'epoca, per usare le parole di Fichte, dell'assoluta peccaminosità, ed è destinato a rimanere la forma sovrana, finché il mondo sia dominato da tale costellazione. In Tolstoi, si rendeva evidente il presentimento dell'irruzione in una nuova epoca del mondo: ma questi presagi son rimasti polemici, son rimasti al livello della nostalgia, son rimasti astratti.

Solo nelle opere di Dostoievski, questo nuovo mondo, lungi da ogni lotta contro quello sussistente, viene indicato quale una realtà semplicemente osservata. Ragion per cui e Dostoievski, e la sua forma, si pongono al di fuori di simili trattazioni: Dostoievski non ha scritto alcun romanzo, e il sentimento raffigurativo, che nelle sue opere si fa visibile, non ha a che fare nulla, né in senso affermativo né in senso negativo, col romanticismo europeo del XIX secolo e con le molteplici, del pari romantiche, reazioni a esso. Che egli sia già l'Omero ovvero il Dante di questo mondo, oppure colui il quale semplicemente fornisce i canti che poeti più tardi, prendendo anche da altri predecessori, comporranno a grande unità: che egli sia solo un inizio, oppure già un compimento: ecco una cosa che soltanto l'analisi formale delle sue opere potrà rivelare. E solo allora potrà essere compito di un'interpretazione storico-filosofica dei segni celesti, quello di dire se noi siamo davvero sul punto di abbandonare la posizione dell'assoluta peccaminosità, ovvero se son soltanto mere speranze ad annunciare l'avvento del nuovo: segni di un avvento, i quali ancora così deboli sono, da poter essere schiacciati a capriccio, per gioco, dall'infruttuosa potenza di ciò che semplicemente esiste.

Indice

I Garzanti

Romanzi italiani e stranieri, cronache della realtà e documenti
della storia contemporanea, opere di letteratura e di saggistica,
manuali ecc. compongono questa notissima collezione di « tasca-
bili ». Secondo la consuetudine migliore, si tende a promuovere,
con questa iniziativa di edizioni a prezzo economico, la massima
diffusione delle opere di successo, già apparse in altre collezioni,
con lo scopo di soddisfare le esigenze di lettura, d'informazione,
di cultura di un vastissimo pubblico.

512
Powell, Richard
Biglietti per l'inferno

513
Sempé, Jean-Jacques
Disegni

514
Fromm, Erich
Marx e Freud

515
Moravia, Alberto
La disubbidienza

516
Luzi, Mario
Poesie

517
Ferrarotti, Franco
La sociologia

518
Valeri, Nino
Da Giolitti a Mussolini

519
Brenner, Felix
*500 cocktail e long drink
per tutte le occasioni*

520
Bulgakov, Michail
Cuore di cane

521
Valsecchi, Marco
Maestri della pittura moderna

522
Susann, Jacqueline
La valle delle bambole

523
Luce, G.G. - Segal J.
Il sonno

524
Carpi, Aldo
Il diario di Gusen

525
De Saint-Exupéry, Antoine
Terra degli uomini

526
Bazin, Hervé
Vipera in pugno

527
Day, Beth
Vita con gli orsi

528
Bashir, Mir
Saper leggere la mano

529
Artusi, Pellegrino
*La scienza in cucina
e l'arte di mangiar bene*

530
Venè, Gian Franco
Capitale e letteratura

531
Dennis, Patrick
La zia Mame

532
Dröscher, Vitus B.
Il cosiddetto animale

533
Lukács, György
Teoria del romanzo

Finito di stampare il 9 dicembre 1974
dalla Aldo Garzanti Editore s.p.a., Milano

Periodico settimanale 533 17 dicembre 1974

Direttore responsabile Livio Garzanti

Pubblicazione registrata
presso il Tribunale di Milano n. 150 del 24-5-1965

Concessionaria per la distribuzione in Italia
Società di Diffusione Periodici s.r.l.
Via Zuretti 25, Milano

Spedizione in abbonamento postale
Tariffa ridotta editoriale
Autorizzazione n. 62341 del 29-8-1946
Direzione provinciale P.T. Milano